# Analyse der Arbeiterbildung im Lukas Evangelium

**Die Lehre von der Arbeit in der Bibel, Volume 24**

Biblische Predigten

Published by Seminit Publications, 2024.

ANALYSE DER ARBEITERBILDUNG IM LUKAS EVANGELIUM

**First edition. April 24, 2024.**



ISBN: 979-8224723799

Written by Biblische Predigten.

# Inhaltsverzeichnis

# Dedication

**Lukas 18:1.** *Und er sagte ihnen ein Gleichnis zu diesem Zweck, dass die Menschen allezeit beten und nicht verzagen sollen.*

"Werdet nicht müde" in der Erwartung, dass seine Bitten erhört werden, und gebt deshalb das Gebet auf, sondern bringt seine Bitten beharrlich vor den Thron der Gnade, denn das Gebet ist niemals ein verlorenes Werk. Es mag eine Zeit geben, in der Gott das Gebet nicht zu erhören scheint, aber er wird es schließlich erhören; deshalb "sollen die Menschen allezeit beten und im Gebet nicht müde werden". Wenn sie nicht beten, werden sie in vielerlei Hinsicht schwach werden. Ihr Mut wird schwinden. All ihre Hoffnung für die Zukunft wird schwächer werden, und sie werden sozusagen in eine tote Ohnmacht fallen. Also, liebe Freunde, ihr könnt euch entscheiden, ob ihr beten oder ohnmächtig werden wollt. Die Lehre, die unser Erlöser aufstellte, war, "dass die Menschen immer beten und nicht ohnmächtig werden sollen", und dies ist das Gleichnis, das er erzählte, um diese Wahrheit Gottes zu illustrieren.

— **Charles Spurgeon**

# Einführung in Lukas

Im Lukasevangelium wird Jesus als der kommende König der Welt verkündet. Er ist von Gott eingesetzt und sein Reich wird alles wiederherstellen, was nach der Rebellion und dem Sündenfall der Menschheit, der mit Adam und Eva begann, schief gelaufen ist. Gegenwärtig wird ein Großteil der Welt von Menschen regiert, die sich gegen Gottes Autorität auflehnen. Aber trotzdem ist diese Welt Gottes Reich, und die alltäglichen Aspekte - einschließlich der Arbeit - sind Aspekte von Gottes Reich. Gott liegt die Verwaltung, Produktivität, Gerechtigkeit und Kultur dieser Welt sehr am Herzen.

Jesus ist sowohl König als auch Vorbild für alle, die eine geringere Autorität haben. Obwohl Christen daran gewöhnt sind, Jesus "König" zu nennen, ist dieser Titel für viele von uns in erster Linie ein religiöser Titel geworden, anstatt sich auf ein tatsächliches Königreich zu beziehen. Wir sagen, dass Jesus König ist, aber oft meinen wir damit, dass er der König der Priester ist. Wir halten ihn für den Gründer einer Religion, aber Lukas zeigt, dass er der Gründer eines Reiches ist: des Reiches Gottes auf Erden. Wenn Jesus persönlich anwesend ist, erkennen sogar Satan und seine Schergen seine Autorität an (z. B. **Lukas 8,32**), und seine Macht wird nicht in Frage gestellt. Nachdem er vorübergehend in den Himmel zurückgekehrt ist, zeigt sein Vorbild den Bürgern seines Reiches, wie sie an seiner Stelle Autorität und Macht ausüben können.

Die Führungsrolle Jesu erstreckt sich auf alle Aspekte des Lebens, einschließlich der Arbeit, und so ist es nicht überraschend, dass das Lukasevangelium eine breite Anwendung auf die Arbeit hat. Wie wir weiter unten sehen werden, widmet Lukas arbeitsbezogenen Themen wie Reichtum und Macht, Wirtschaft, Regierung, Konflikten, Führung,

Produktivität, Versorgung und Investitionen große Aufmerksamkeit. Wir werden uns im Großen und Ganzen in der Reihenfolge des lukanischen Textes bewegen, auch wenn wir gelegentlich Passagen aus der Reihenfolge herausnehmen werden, um sie im selben Abschnitt mit anderen zu betrachten, die dasselbe Thema haben. Wir werden nicht versuchen, Passagen zu diskutieren, die wenig zum Verständnis von Arbeit, Arbeitnehmern und Arbeitsplätzen beitragen. Es mag überraschen, wie viel das Lukasevangelium mit der Arbeit zu tun hat.

# Das Reich Gottes ist am Werk (Lukas 1-5)

## Das Werk Gottes (Lukas 1-2; 4)

### Zacharias überraschender Arbeitstag (Lukas 1:8-25)

Das Lukasevangelium beginnt an einem Arbeitsplatz und setzt damit die lange Geschichte der Erscheinungen Jahwes an verschiedenen Arbeitsplätzen fort (z. B. **Gen 2,19-20; Ex 3,1-5**). Zacharias wird vom Engel Gabriel am wichtigsten Arbeitstag seines Lebens besucht - an dem Tag, an dem er auserwählt wurde, an der heiligen Stätte des Tempels in Jerusalem zu dienen (**Lk 1,8**). Auch wenn wir uns den Tempel normalerweise nicht als Arbeitsplatz vorstellen, so waren die Priester und Leviten dort doch mit dem Schlachten von Opfertieren (da sie keinen Selbstmord begingen), Kochen, Hausmeistertätigkeiten, Buchhaltung und einer Vielzahl anderer Tätigkeiten beschäftigt. Der Tempel war nicht nur ein religiöses Zentrum, sondern auch das Zentrum des jüdischen Wirtschafts- und Soziallebens. Zacharias ist von seiner Begegnung mit dem Herrn tief beeindruckt und kann nicht sprechen, bevor er nicht die Wahrheit von Gottes Wort bezeugt hat.

# Der gute Hirte erscheint den Hirten
# (Lukas 2:8-20)

Die nächste Begegnung an einer Arbeitsstätte findet einige Kilometer weiter vom Tempel entfernt statt. In der Nacht wird eine Gruppe von Hirten, die ihre Herden hüten, von einem Engel besucht, der die Geburt Jesu ankündigt (**Lk 2,9**). Hirten galten im Allgemeinen als verachtenswerte Menschen und wurden von anderen verachtet. Gott jedoch sieht sie mit Wohlwollen an. Wie bei Zacharias, dem Priester, unterbricht Gott den Weg der Hirten auf überraschende Weise. Lukas beschreibt eine Wirklichkeit, in der die Begegnung mit dem Herrn nicht nur an Sonntagen, bei Exerzitien oder auf Missionsreisen stattfindet. Vielmehr erscheint jeder Augenblick als ein möglicher Moment, in dem Gott sich offenbaren kann. Die Plackerei des Alltags kann unsere geistlichen Sinne trüben, wie bei der Generation Lots, die "aß, trank, kaufte, verkaufte, pflanzte und baute", eine Routine, die sie blind machte für das kommende Gericht über ihre Stadt (**Lk 17,28-30**). Aber Gott ist in der Lage, mit seiner Güte und Herrlichkeit mitten in den Alltag einzubrechen.

# Jesu Berufsbeschreibung: König (Lukas 1:26-56; 4:14-22)

Wenn es schon seltsam erscheint, dass Gott seinen Plan zur Rettung der Welt inmitten von zwei Arbeitsplätzen ankündigt, so mag es noch seltsamer erscheinen, dass er Jesus eine Beschreibung seines Amtes gibt. Aber er tut es, als der Engel Gabriel Maria mitteilt, dass sie einen Sohn gebären wird: "Er wird groß sein und Sohn des Höchsten genannt werden; und Gott der Herr wird ihm den Thron seines Vaters David geben, und er wird über das Haus Jakob herrschen in Ewigkeit, und sein Reich wird kein Ende haben" (**Lk 1,32-33**).

Auch wenn wir vielleicht nicht daran gewöhnt sind, Jesu Amt als "König von Israel" zu betrachten, so ist dies nach dem Lukasevangelium letztlich seine Aufgabe. Hier sind die Einzelheiten seiner Rolle als König: mächtige Taten vollbringen, die Stolzen zerstreuen, die Mächtigen vom Thron stoßen, die Niedrigen erhöhen, denen Gutes geben, die nichts haben, die Reichen mit leeren Händen wegschicken, Israel helfen und den Nachkommen Abrahams Barmherzigkeit erweisen (**Lk 1,51-55**). Diese berühmten Verse, die als Magnificat bekannt sind, stellen Jesus als einen König dar, der wirtschaftliche, politische und vielleicht sogar militärische Macht ausübt. Im Gegensatz zu den korrupten Königen der gefallenen Welt setzt er seine Macht zum Wohl seiner schwächsten Untertanen ein. Er schmeichelt sich nicht bei den Mächtigen und bei denen ein, die gute Beziehungen zu wichtigen Leuten haben, um seine Dynastie zu stärken. Er unterdrückt sein Volk nicht und erhebt auch keine Steuern, um seine luxuriösen Gewohnheiten zu finanzieren, sondern er richtet ein richtig regiertes Reich ein, in dem das Land Gutes für alle hervorbringt, Sicherheit für Gottes Volk und Barmherzigkeit für diejenigen, die ihre Taten bereuen. Er ist der König, den Israel nie gehabt hat.

Später bestätigt Jesus diese Beschreibung seines Amtes, wenn er **Jesaja 61,1-2** auf sich selbst anwendet: "Der Geist des Herrn ruht auf mir, denn er hat mich gesalbt, den Armen das Evangelium zu verkünden. Er hat mich gesandt, damit ich den Gefangenen die Freiheit verkünde und den Blinden das Augenlicht, damit ich die Bedrängten in Freiheit setze und das Gnadenjahr des Herrn verkünde" (**Lk 4,18-19**). Dies sind politische und staatliche Aufgaben. Zumindest im Lukasevangelium ist der Beruf Jesu also enger mit der heutigen politischen Arbeit verbunden als mit den heutigen pastoralen oder religiösen Berufen. Jesus hat großen Respekt vor den Priestern und ihrer besonderen Rolle in der göttlichen Ordnung, aber er identifiziert sich nicht in erster Linie als einer von ihnen (**Lk 5,14; 17,14**).

Die Aufgaben, die Jesus sich selbst zuschreibt, kommen Menschen in Not zugute. Im Gegensatz zu den Herrschern der gefallenen Welt regiert er im Namen der Armen, der Gefangenen, der Blinden, der Unterdrückten und der verschuldeten Menschen (deren Ländereien ihnen im Jubeljahr zurückgegeben werden; siehe **Lev 25,8-13**). Aber er kümmert sich nicht nur um die Bedürftigen, sondern auch um die Menschen aller Stände und Schichten, wie wir weiter unten sehen werden. Seine Sorge um die Armen, die Leidenden und die Schwachen unterscheidet ihn jedoch deutlich von den Herrschern, die er ablösen soll.

# Jesus ruft die Menschen zur Arbeit auf
## (Lukas 5:1-11; 27-32)

Bei zwei Gelegenheiten geht Jesus zu den Arbeitsplätzen bestimmter Menschen, um sie zu bitten, ihm zu folgen. Bei der ersten Gelegenheit bringt er einige Fischer dazu, ihre Arbeit zu unterbrechen und ihm zu erlauben, ihr Boot als Plattform zu benutzen. Danach gibt er ihnen einige ausgezeichnete Tipps zum Fischen und ruft sie plötzlich auf, seine ersten Jünger zu werden (**Lk 5,1-11**). Das zweite Mal ruft er Levi, der als Steuereintreiber arbeitet (**Lk 5,27-32**). Diese Menschen werden aufgerufen, Jesus zu folgen und ihre Berufe aufzugeben. Wir neigen dazu, sie als hauptamtliche Mitarbeiter der Kirche zu betrachten, aber eine genauere Beschreibung wäre "Botschafter" (**2. Kor. 5,20**). Obwohl diese Personen zu einer bestimmten Art von Arbeit in Jesu Reich berufen sind, sagt Lukas nicht, dass einige Berufungen (z. B. Prediger zu sein) ehrenvoller sind als andere (z. B. Fischer zu sein). Einige von Jesu Nachfolgern - wie Petrus, Johannes und Levi - folgen ihm aus ihrem Beruf heraus (**Lk 5,11**), aber wir werden bald andere kennenlernen - wie Maria und Martha (**Lk 10,38-41**), einen anderen Zöllner namens Zachäus (**Lk 19,1-10**) und einen römischen Militäroffizier (Lk 1-10) -, die Jesus in seinem Werk folgen und zeigen, dass ihr Leben verändert wurde. In einem besonderen Fall (**Lk 8,26-39**) befiehlt Jesus einem Menschen, sein Haus nicht zu verlassen, um mit ihm zu reisen.

Diejenigen, die mit Jesus unterwegs sind, verlassen anscheinend ihre Arbeit, die ihnen ein Einkommen sichert, und sind auf Spenden angewiesen (**Lk 9,1-6; 10,1-24**). Dies ist kein Zeichen dafür, dass der beste Weg, ein Jünger zu sein, darin besteht, seine Arbeit aufzugeben. Vielmehr ist es ein konkreter Aufruf an diese Menschen und eine

Erinnerung daran, dass unsere gesamte Versorgung von Gott kommt, auch wenn er uns gewöhnlich durch eine konventionelle Beschäftigung versorgt. Es gibt viele Möglichkeiten, Christus in unseren verschiedenen Berufen nachzufolgen (mehr über den Aufruf Jesu an seine Jünger finden Sie unter **"Markus 1,16-20"** in **"Markus und Arbeit"** und **"Matthäus 3-4"** in **"Matthäus und Arbeit"**).

Jesus zeigt sich nicht nur an Arbeitsplätzen, sondern benutzt sie auch, um viele seiner Gleichnisse zu kontextualisieren, darunter das Flickwerk und die Weinschläuche (**Lk 5,36-39**), die klugen und törichten Bauherren (**Lk 6,46-49**), der Sämann (**Lk 8:4-15**), die wachsamen Knechte (**Lk 12,35-41**), der untreue Knecht (**Lk 12,42-47**), das Senfkorn (**Lk 13,18-19**), der Sauerteig (**Lk 13,20-21**), das verlorene Schaf (**Lk 15,1-7**), die verlorene Münze (**Lk 15,8-10**), der verlorene Sohn (**Lk 15,11-32**) und die bösen Knechte (**Lk 20,9-19**). Jesus wendet sich den Arbeitsplätzen zu, wenn er sagen will: "Das Reich Gottes ist wie...". Im Allgemeinen sind diese Stellen nicht dazu gedacht, über die Arbeitsplätze zu lehren, an denen sie vorkommen, obwohl sie manchmal einige Richtlinien für die Arbeit enthalten. Stattdessen verwendet Jesus vertraute Aspekte von Arbeitsplätzen in erster Linie, um Beobachtungen über das Reich Gottes zu machen, die über die besonderen Kontexte der Gleichnisse hinausgehen. Das deutet darauf hin, dass die gewöhnliche Arbeit für Jesus von großer Bedeutung und großem Wert ist, sonst hätte es keinen Sinn, das Reich Gottes anhand der Arbeit zu veranschaulichen.

# Johannes der Täufer lehrt über Arbeitsethik (Lukas 3:8-14)

Ein großer Teil des Lukasevangeliums stellt die Lehre Jesu dar. Zufälligerweise handelt die erste Lehre bei Lukas direkt von der Arbeit, obwohl sie von Johannes dem Täufer und nicht von Jesus stammt. Johannes ermahnt seine Zuhörer, "Früchte zu bringen, die der Umkehr würdig sind" (**Lk 3,8**), damit sie nicht vor dem Gericht stehen müssen. Auf die Frage "Was sollen wir dann tun?" (**Lk 3:10, 12, 14**) antwortet Johannes in wirtschaftlicher, nicht in religiöser Hinsicht. Zunächst fordert er diejenigen, die einen Überfluss an Besitztümern haben (zwei Tuniken oder reichlich Nahrung) auf, mit denen zu teilen, die nichts haben (**Lk 3,10**). Dann gibt er den Zöllnern und Soldaten Anweisungen, die sich direkt auf ihre Arbeit beziehen. Die Steuereintreiber sollten nur das eintreiben, was sie eintreiben mussten, anstatt die Steuerrechnung zu erhöhen und die Differenz zu behalten. Die Soldaten sollten ihre Macht nicht ausnutzen, um andere zu erpressen und fälschlich anzuklagen, und sie sollten sich mit ihrem Sold zufrieden geben (**Lk 3,13-14**).

Als Johannes den Steuereintreibern sagt: "Fordert nicht mehr, als euch befohlen ist" (**Lk 3,13**), spricht er auf dramatische Weise zu einem Berufsstand, der durch eine tief verwurzelte und systematische Ungerechtigkeit gekennzeichnet ist. In ganz Palästina wurden die Steuern durch ein System von "Steuerfarmen" eingetrieben, in denen Gouverneure und andere hochrangige Beamte das Recht zur Steuererhebung in ihrem Zuständigkeitsbereich delegierten. Um einen Auftrag zu erhalten, musste ein potenzieller Steuereintreiber zustimmen, dem Beamten einen bestimmten Betrag zu zahlen, der über die eigentliche römische Steuer hinausging. Entsprechend war der Gewinn der Steuereintreiber der Betrag, den sie über das hinaus einnahmen, was sie den Regierungsbeamten gaben. Da die Menschen nicht wissen konnten, wie hoch die tatsächliche römische Steuer war, mussten sie den Betrag zahlen, den der Steuereintreiber von ihnen verlangte. Es wäre schwierig gewesen, der Versuchung zu widerstehen, reich zu werden, und fast unmöglich, Wettbewerbe zu gewinnen, ohne den Regierungsbeamten große Gewinne anzubieten.

Beachten Sie, dass Johannes ihnen nicht die Möglichkeit gibt, nicht mehr als Zöllner zu arbeiten. Diese Situation ähnelt derjenigen derjenigen, die Lukas als "Soldaten" bezeichnet. Wahrscheinlich handelt es sich dabei nicht um disziplinierte römische Soldaten, sondern um Angestellte des Herodes, der zu dieser Zeit als Klientelkönig Roms über Galiläa herrschte. Herodes' Soldaten konnten ihre Autorität nutzen, um einzuschüchtern, zu erpressen und ihren eigenen Gewinn zu sichern, und genau das taten sie auch. Johannes weist diese Arbeiter an, Gerechtigkeit in ein System zu bringen, das zutiefst von Ungerechtigkeit geprägt war. Wir sollten die damit verbundene Schwierigkeit nicht unterschätzen. Es kann gefährlich und schwierig sein, Bürger des Reiches Gottes zu sein und gleichzeitig unter der Herrschaft der Könige der gefallenen Welt zu leben.

# Jesus wird versucht, Gott nicht mehr zu dienen (Lukas 4:1-13)

Kurz bevor Jesus sein Amt als König antritt, wird er von Satan dazu verleitet, Gott nicht mehr treu zu sein. Jesus geht in die Wüste, wo er vierzig Tage lang fastet (**Lk 4,2**) und denselben Versuchungen ausgesetzt ist, denen das Volk Israel in der Wüste Sinai ausgesetzt war (alle Antworten, die Jesus dem Satan gibt, stammen aus Deuteronomium 6-8, das die Geschichte Israels in der Wüste erzählt). Erstens wird er versucht, sich auf seine eigene Kraft zu verlassen, um seine Bedürfnisse zu befriedigen, anstatt sich auf Gottes Versorgung zu verlassen (**Lk 4,1-3**; **Dtn 8,3**; **17-20**): "Wenn du der Sohn Gottes bist, dann befiehl, dass dieser Stein zu Brot wird" (**Lk 4,3**). Zweitens ist er versucht, sich jemandem (Satan) anzuvertrauen, der eine Abkürzung zu Macht und Ruhm bieten kann (**Lk 4,5-8**; **Dtn 6,13**; **7,1-26**): "Wenn du dich vor mir niederwirfst, wird alles dein sein" (Lk **4,5-8**; **Dtn 6,13**; **7,1-26**). Drittens ist er versucht, in Frage zu stellen, ob Gott wirklich mit ihm ist, und deshalb in seiner Verzweiflung zu versuchen, Gottes Hand zu erzwingen (**Lk 4,9-12**; **Dtn 6,16-25**): "Wenn du der Sohn Gottes bist, stürze dich von hier herunter" (dem Tempel). Im Gegensatz zu Israel widersteht Jesus diesen Versuchungen mit Hilfe von Gottes Wort: Er ist das, was das Volk Israel hätte sein sollen - wie Adam und Eva vor ihnen -, aber nie war.

Als Parallele zu den Versuchungen Israels in Deuteronomium 6-8 wurden diese Versuchungen nicht nur von Jesus erlebt. Er erlebt sie, wie wir sie erleben. "Denn wir haben nicht einen Hohenpriester, der nicht mit unseren Schwächen mitfühlen kann, sondern einen, der in allen Punkten versucht worden ist wie wir, aber ohne Sünde" (**Hebr 4,15**).

Wie Israel und wie Jesus können auch wir damit rechnen, versucht zu werden, bei der Arbeit und in allen Bereichen des Lebens.

Die Versuchung, nur zu arbeiten, um unsere eigenen Bedürfnisse zu befriedigen, ist bei der Arbeit groß. Arbeit *ist dazu* da, unsere Bedürfnisse zu befriedigen (**2Thess 3,10**), aber *nicht nur*, um unsere Bedürfnisse zu befriedigen. Unsere Arbeit ist auch dazu da, anderen zu dienen. Im Gegensatz zu Jesus haben wir nicht die Möglichkeit, uns durch Wunder selbst zu bedienen, aber wir können versucht sein, gerade hart genug zu arbeiten, um bezahlt zu werden, zu kündigen, wenn es schwierig wird, uns vor unserem Teil der Last zu drücken oder die Last zu ignorieren, die andere aufgrund unserer schlechten Arbeitsgewohnheiten tragen müssen. Die Versuchung, Abkürzungen zu nehmen, ist auch im Bereich der Arbeit groß.

Die Versuchung, an Gottes Gegenwart und Macht in unserer Arbeit zu zweifeln, ist vielleicht die größte von allen Versuchungen. Jesus war versucht, Gott zu testen, indem er ihn zum Handeln zwang. Wir tun dasselbe, wenn wir faul oder töricht werden und erwarten, dass Gott sich um uns kümmert. Gelegentlich geschieht dies, wenn jemand beschließt, dass Gott ihn zu einem bestimmten Beruf oder einer bestimmten Position berufen hat, und sich dann zurücklehnt und darauf wartet, dass Gott es geschehen lässt. Aber es ist wahrscheinlicher, dass wir der Versuchung erliegen, nicht mehr an Gottes Gegenwart und Macht in unserer Arbeit zu glauben. Wir denken vielleicht, dass unsere Arbeit Gott nichts bedeutet oder dass Gott nur an unserem kirchlichen Leben interessiert ist oder dass wir nicht um Gottes Hilfe bei unseren täglichen Arbeitsaktivitäten beten können. Jesus war davon überzeugt, dass Gott jeden Tag an seiner Arbeit beteiligt ist, aber er verlangte nicht, dass Gott die Arbeit für ihn erledigt.

Die ganze Episode beginnt damit, dass der Geist Gottes Jesus dazu bringt, vierzig Tage in der Wüste zu fasten. Damals wie heute waren

Fasten und Exerzitien eine Möglichkeit, Gott näher zu kommen, bevor man eine größere Lebensveränderung vornahm. Jesus war im Begriff, sein Amt als König anzutreten, und wollte zuerst Gottes Kraft, Weisheit und Gegenwart empfangen. Und das tat er auch. Als Satan Jesus in Versuchung führte, hatte er vierzig Tage im Geist Gottes verbracht. Er war voll und ganz darauf vorbereitet, zu widerstehen. Sein Fasten machte die Versuchung jedoch noch intensiver: "Er war hungrig" (**Lk 4,2**). Die Versuchung kommt oft schneller, als wir erwarten, sogar zu Beginn unseres Arbeitslebens. Wir könnten versucht sein, an einem System teilzunehmen, mit dem man schnell reich werden kann, anstatt auf der untersten Stufe eines wirklich produktiven Berufs zu beginnen. Vielleicht werden wir zum ersten Mal mit unserer eigenen Schwäche konfrontiert und sind versucht, diese durch Täuschung, Mobbing oder Betrug zu kompensieren. Vielleicht glauben wir, dass wir die gewünschte Stelle mit unseren Fähigkeiten nicht bekommen können, und sind daher versucht, uns falsch zu präsentieren oder über unsere Kompetenzen zu lügen. Vielleicht nehmen wir eine lukrative, aber unbefriedigende Stelle an, "nur für ein paar Jahre, bis ich eine stabile Situation habe", mit dem Gedanken, dass wir später etwas tun werden, das mehr unserer Berufung entspricht.

Vorbereitung ist der Schlüssel zur Überwindung von Versuchungen. Die Versuchung kommt meist ohne Vorwarnung. Vielleicht wurden Sie aufgefordert, eine falsche Meldung zu machen. Vielleicht werden Ihnen heute vertrauliche Informationen angeboten, die morgen öffentlich bekannt werden. Vielleicht bietet sich Ihnen plötzlich die Gelegenheit, etwas, das Ihnen nicht gehört, durch eine unverschlossene Tür zu nehmen. Während des Mittagessens kann plötzlich Druck auf Sie ausgeübt werden, sich am Klatsch über einen Kollegen zu beteiligen. Die beste Vorbereitung besteht darin, sich mögliche Szenarien im Voraus auszumalen und unter Gebet zu planen, wie man darauf reagieren könnte, vielleicht sogar mitsamt den Antworten als Verpflichtung gegenüber Gott aufzuschreiben. Eine weitere Möglichkeit, sich zu schützen, besteht darin, eine Gruppe von Menschen zu haben, zu denen Sie eine enge Beziehung haben und die Sie frühzeitig anrufen können, um Ihre Versuchung zu besprechen. Wenn Sie mit ihnen sprechen können, bevor Sie handeln, können sie Ihnen helfen, die Versuchung zu überwinden. Jesus, der in der Gemeinschaft mit seinem Vater in der Kraft des Heiligen Geistes stand, begegnete der Versuchung mit der Unterstützung seiner Gemeinschaft - dem, was wir die Dreieinigkeit nennen.

Unsere Versuchungen sind nicht mit denen Jesu identisch, auch wenn sie recht ähnlich sind. Wir alle haben unsere eigenen Versuchungen, große und kleine, je nachdem, wer wir sind, unsere Umstände und die Art unserer Arbeit. Keiner von uns ist der Sohn Gottes, aber die Art und Weise, wie wir auf Versuchungen reagieren, hat weitreichende Folgen für unser Leben. Stellen Sie sich die Folgen vor, wenn Jesus sich von seiner Berufung als König Gottes abgewandt hätte und sein Leben damit verbracht hätte, Luxusgüter für sich selbst anzuhäufen, die Befehle des Bösen zu befolgen oder sich zurückzulehnen und darauf zu warten, dass der Vater seine Arbeit für ihn erledigt.

# Heilung bei Lukas

Zur Zeit Jesu, wie auch heute, war die Arbeit der Heilung und Gesundheit von grundlegender Bedeutung. Im Lukasevangelium heilt Jesus bei dreizehn verschiedenen Gelegenheiten: 4:31-37; 4:38-44; 5:12-16; 5:17-26; 7:1-10; 7:11-17; 7:21; 8:26-39; 8:40-56; 9:37-45; 13:10-17; 17:11-19 y 18:35-43. Auf diese Weise bringt er den Leidenden das Wohlbefinden, das er bei seinem Amtsantritt als König versprochen hat. Außerdem ist die Heilung eine Verwirklichung des kommenden Reiches Gottes, in dem es keine Krankheit mehr geben wird (Offb.). Gott *befiehlt* den Menschen nicht nur, zum Wohle anderer zu arbeiten, sondern er *befähigt* sie auch dazu. Jesus ist nicht der Einzige, der Gottes Macht besitzt, denn an zwei Stellen bevollmächtigt er seine Jünger, Menschen zu heilen (**Lk 9,1-6; 10,9**). Jede Heilung hängt jedoch von Gottes Macht ab. Der Theologe Jürgen Moltmann fasst diesen Gedanken treffend zusammen: "Die Heilungen Jesu sind keine übernatürlichen Wunder in einer natürlichen Welt. Sie sind das einzig wirklich 'Natürliche' in einer Welt, die unnatürlich, dämonisiert und verwundet ist". Sie sind ein greifbares Zeichen dafür, dass Gott alles wieder so macht, wie es eigentlich sein sollte.

Die Heilungen, von denen in den Evangelien berichtet wird, sind in der Regel wundersam, aber auch die nicht wundersamen Bemühungen der Christen um die Wiederherstellung des menschlichen Körpers können als Erweiterung des lebensspendenden Dienstes Jesu angesehen werden. Es wäre ein Fehler, nicht zu erwähnen, wie wichtig Heilung für das Erlösungswerk des Reiches Gottes ist. Diese Arbeit wird tagtäglich von Ärzten, Krankenschwestern, Technikern, Pflegern, Parkwächtern in Krankenhäusern und vielen anderen geleistet, die dafür sorgen, dass Heilung möglich wird. Lukas war selbst Arzt (**Kol 4,14**), und man kann sich leicht vorstellen, dass sein besonderes Interesse der Heilung galt. Es wäre jedoch falsch, daraus zu schließen, dass die Gesundheitsberufe von Natur aus eine bessere Berufung sind als andere Berufe.

# Sabbat und Arbeit (Lukas 6:1-11; 13:10-17)

Der Sabbat ist ein grundlegender Bestandteil der biblischen Auffassung von Arbeit, und Jesus lehrt im Lukasevangelium über diesen Tag. Arbeit und Ruhe sind keine gegensätzlichen Kräfte, sondern Elemente eines Rhythmus, der gute Arbeit und echte Erholung möglich macht. Im Idealfall deckt dieser Rhythmus die Bedürfnisse der Menschen nach Versorgung und Gesundheit, aber in einer gefallenen Welt gibt es Zeiten, in denen dies nicht der Fall ist.

# Der Herr des Sabbats (Lukas 6:1-11)

In **Lukas 6,1-5** ist Sabbat und Jesus und seine Jünger sind hungrig. Sie pflücken auf einem Feld Ähren ab, reiben sie mit den Händen und essen die Körner. Einige Pharisäer beschweren sich, dass dies dem Dreschen gleichkomme und daher Sabbatarbeit sei. Jesus entgegnet, dass auch David und seine Gefährten gegen die heiligen Regeln verstoßen haben, als sie hungrig waren, indem sie das Haus Gottes betraten und das geweihte Brot aßen, das nur die Priester essen durften. Wir können uns die Verbindung zwischen diesen beiden Episoden als Hunger vorstellen. Wenn man Hunger hat, ist es akzeptabel, zu arbeiten, um sich zu ernähren, auch wenn das bedeutet, am Sabbat zu arbeiten. Aber Jesus kommt zu einem etwas anderen Schluss: "Der Menschensohn ist Herr des Sabbats" (**Lk 6,5**). Das zeigt, dass die Einhaltung des Sabbats auf dem Verständnis des Herzens Gottes beruht und nicht auf der Entwicklung immer detaillierterer Regeln und Ausnahmen.

# Befreiung am Sabbat (Lk 13:10-17)

Weitere Episoden, in denen Jesus am Sabbat heilt, werden in **Lukas 6,9** und **14,5** berichtet. Auch wenn es schwierig wäre, allein aus den Ereignissen bei Lukas eine Theologie des Sabbats zu entwickeln, können wir doch feststellen, dass Jesus seine Sicht des Sabbats auf die Bedürfnisse der Menschen beschränkt. Die menschlichen Bedürfnisse haben Vorrang vor der Einhaltung des Sabbats, auch wenn die Einhaltung des Sabbats eines der Zehn Gebote ist. Durch die Befriedigung menschlicher Bedürfnisse am Sabbat wird das Gebot jedoch erfüllt und nicht aufgehoben. Die Heilung der gekrümmten Frau am Sabbat ist ein besonders wichtiges Beispiel. Der empörte Synagogenbeamte tadelt die Menge mit den Worten: "Es gibt sechs Tage, an denen gearbeitet werden muss; kommt also an diesen Tagen und lasst euch heilen und nicht am Sabbat" (**Lk 13,14**). Die Antwort Jesu beginnt mit dem Gesetz. Wenn die Menschen ihren Tieren am Sabbat Wasser geben, wie es sich gehört, "sollte dann nicht diese Frau, die eine Tochter Abrahams ist und die der Satan achtzehn Jahre lang gebunden hat, am Sabbat von dieser Bindung befreit werden?

(Für weitere Diskussionen über den Sabbat, die in einigen Fällen unterschiedliche Perspektiven haben, siehe **"Markus 1:21-45"** und **"Markus 2:23-3:6"** in **"Markus und Arbeit"**).

# Die Ethik des Konflikts (Lukas 6:27-36; 17:3-4)

## Tut denen Gutes, die euch hassen (Lukas 6,27-36).

———

An allen Arbeitsplätzen kommt es zu Konflikten, und Jesus befasst sich in **Lukas 6,27-36 mit** solchen Situationen: "Liebt eure Feinde; tut wohl denen, die euch hassen; segnet, die euch fluchen; betet für die, die euch schmähen" (**Lk 6,27-28**). Lukas macht sehr deutlich, dass es sich um eine Lehre für den wirtschaftlichen Bereich handelt, denn er bezieht sie speziell auf das Verleihen von Geld: "Verleiht [seinen Feinden], ohne eine Gegenleistung zu erwarten" (**Lk 6,35**). Das klingt nicht nach einer praktikablen kommerziellen Kreditvergabestrategie, aber vielleicht können wir es auf eine abstraktere Weise verstehen. Christen sollten ihre Macht nicht dazu nutzen, Menschen zu schaden, mit denen sie in Konflikt geraten sind, sondern sich aktiv für deren Wohl einsetzen. Dies kann am Arbeitsplatz auf zwei Ebenen gelten: Auf der individuellen Ebene bedeutet es, dass wir uns für das Wohl der Menschen einsetzen sollten, mit denen wir in Konflikt stehen. Das bedeutet nicht, dass man Konflikten aus dem Weg geht oder sich aus dem Wettbewerb zurückzieht, aber wenn man beispielsweise mit einem Kollegen um eine Beförderung konkurriert, sollte man ihm helfen, seine Arbeit so gut wie möglich zu machen, während man versucht, seine eigene noch besser zu machen.

Auf Unternehmensebene bedeutet es, die Konkurrenz, Lieferanten oder Kunden nicht zu unterdrücken, insbesondere nicht durch unfaire oder unproduktive Handlungen wie leichtfertige Klagen, Monopolisierung, falsche Gerüchte, Aktienmanipulationen und dergleichen. Jedes

Geschäft hat seinen eigenen Kontext, und es wäre töricht, diese Passage aus dem Lukasevangelium allgemeingültig zu formulieren. Ein starker Wettbewerb im Geschäftsleben durch vorsätzlichen Betrug mag etwas anderes sein als ein starker Wettbewerb im Basketball durch absichtliches Foulspiel. Daher besteht ein wesentliches Element des Engagements von Gläubigen in jedem Beruf darin, zu versuchen, die angemessene Art und Weise zu entdecken, in der Konflikte und Wettbewerb im Lichte der Lehre Jesu zum Ausdruck kommen.

# Zurechtweisung, Reue, Vergebung (Lukas 17:3-4)

Jesus kehrt dann zum Thema der zwischenmenschlichen Konflikte zurück: "Wenn dein Bruder sündigt, so weise ihn zurecht, und wenn er es bereut, so vergib ihm" (**Lk 17,3**, NIV). Wir sollten diese Aussage nicht nur als Familientherapie betrachten, denn Jesus verwendet den Begriff "Bruder" für alle, die ihm nachfolgen (**Mk 3,35**). Die direkte Konfrontation von Menschen und die Wiederherstellung guter Beziehungen, wenn ein Konflikt gelöst ist, sind gute organisatorische Praktiken. Der folgende Vers sprengt jedoch den Rahmen des gesunden Menschenverstands. "Und wenn er siebenmal am Tag gegen dich sündigt und siebenmal zu dir zurückkommt und sagt: 'Ich bereue', so vergib ihm" (**Lk 17,4**). Tatsächlich fordert Jesus nicht nur Vergebung, sondern auch, dass er nicht verurteilt. "Richtet nicht, und ihr werdet nicht gerichtet werden; verurteilt nicht, und ihr werdet nicht verurteilt werden" (**Lk 6,37**). "Und warum siehst du den Fleck im Auge deines Bruders, aber den Balken in deinem eigenen Auge bemerkst du nicht" (**Lk 6,41**).

Wäre es klug, bei der Arbeit nicht so viel zu urteilen? Aber ist ein gesundes Urteilsvermögen nicht eine Voraussetzung für gute Führung und organisatorische Leistung? Vielleicht spricht Jesus nicht davon, die vernünftige Art des Urteilens zu verlassen, sondern davon, zu urteilen und andere zu verurteilen - die heuchlerische Haltung, die davon ausgeht, dass die Probleme um uns herum ganz und gar die Schuld eines anderen sind. Vielleicht meint Jesus nicht: "Ignoriert wiederholte moralische Verfehlungen oder Inkompetenz", sondern: "Fragt euch, wie eure Handlungen zu dem Problem beigetragen haben könnten". Vielleicht meint er nicht: "Bewertet nicht die Leistung anderer", sondern: "Findet Wege, um denen in eurer Umgebung zum Erfolg zu verhelfen". Vielleicht wollte Jesus nicht Nachsicht, sondern Barmherzigkeit vermitteln: "Und wie ihr wollt, dass euch die Menschen tun, so tut ihnen auch" (**Lk 6,31**).

# Gottes Versorgung (Lukas 9:10-17; 12:4-7, 22-31)

Im gesamten Lukasevangelium lehrt Jesus, dass ein Leben im Reich Gottes bedeutet, Gott und nicht die menschliche Anstrengung als die wesentliche Quelle für alles zu sehen, was wir zum Leben brauchen. Unsere Arbeit ist nicht freiwillig, aber sie ist auch nicht absolut. Unsere Arbeit ist immer eine Teilhabe an der Gnade der Versorgung durch Gott.

# Jesus speist die Fünftausend (Lukas 9:10-17)

Jesus demonstriert diesen Gedanken durch sein Handeln, bevor er ihn mit Worten lehrt. Bei der Speisung der Fünftausend (**Lk 9,10-17**) übernimmt Gott in der Person Jesu die Verantwortung dafür, das Bedürfnis der Menschen nach Nahrung zu stillen, und er tut es, weil sie hungrig sind. Wir finden keine genaue Erklärung dafür, wie Jesus dieses Wunder vollbringt. Er verwendet gewöhnliche Lebensmittel - fünf Brote und zwei Fische - und durch die Kraft Gottes wird aus wenig Nahrung genug, um viele zu ernähren. Einige der Jünger (die Fischer) arbeiteten in der Gastronomie und andere (wie Levi, der Zöllner) waren Beamte. Jesus nutzt ihre übliche Arbeit, um die Menge zu organisieren und Brot und Fisch zu verteilen. Er integriert (und ersetzt nicht) die gewöhnlichen menschlichen Mittel der Nahrungsbeschaffung und die Ergebnisse sind auf wundersame Weise erfolgreich. Menschliche Arbeit kann Gutes oder Böses bewirken. Wenn wir tun, worum Jesus uns bittet, ist unsere Arbeit gut. Wie wir im Lukasevangelium häufig sehen, bewirkt Gott Wunder durch gewöhnliche Arbeit, in diesem Fall durch die Versorgung mit dem Lebensnotwendigen.

# Jesus lehrt über die Versorgung durch Gott (Lukas 12:4-7, 22-31)

—

Dann lehrt Jesus über Gottes Vorsorge: "Ich sage euch: Sorgt euch nicht um euer Leben, was ihr essen werdet, oder um euren Leib, was ihr anziehen werdet... Und wer von euch, wie besorgt er auch sein mag, kann seinem Leben eine Stunde hinzufügen? Wenn ihr so wenig tun könnt, warum sorgt ihr euch dann um das Übrige?" (**Lk 12:22, 25-26**). Jesus drückt es als einfachen Menschenverstand aus. Wenn Sorgen dem Leben keine Stunde hinzufügen können, warum sich dann überhaupt sorgen? Jesus sagt nicht, dass wir nicht arbeiten sollen, er sagt nur, dass wir uns nicht darum sorgen sollen, ob die Arbeit genug einbringt, um unsere Bedürfnisse zu befriedigen.

In einer Wirtschaft des Überflusses ist dies ein ausgezeichneter Rat. Für viele von uns führt die Sorge dazu, dass wir in Jobs arbeiten, die wir nicht mögen, mit Arbeitszeiten, die uns die Freude am Leben nehmen und die Bedürfnisse der Menschen um uns herum vernachlässigen. Für uns scheint das Ziel nicht "mehr" Geld zu sein, sondern "genug" Geld, genug, um uns sicher zu fühlen. Doch in Wirklichkeit fühlen wir uns nur selten sicher, ganz gleich, wie viel mehr Geld wir verdienen können. Tatsächlich ist es oft so, dass wir uns umso unsicherer fühlen, je erfolgreicher wir mehr Geld verdienen, weil wir jetzt mehr zu verlieren haben. Es ist fast so, als wäre es besser, wenn wir etwas Echtes hätten, um das wir uns sorgen könnten, wie es den Armen passiert ("Selig seid ihr, die ihr hungrig seid, denn ihr werdet satt werden", **Lk 6,21**). Um aus diesem Trott herauszukommen, sagt uns Jesus: "Trachtet aber nach seinem [Gottes] Reich, so wird euch dies alles zugerechnet werden" (**Lk 12,31**). Warum? Weil Sie, wenn Ihr Hauptziel das Reich Gottes ist, die Gewissheit haben, dass Ihr höchstes Ziel erreicht werden wird. Und wenn Sie diese Gewissheit spüren, können Sie erkennen, dass das Geld, das Sie verdienen, tatsächlich ausreicht, dass Gott für Ihre Bedürfnisse sorgt. Eine Million Dollar zu verdienen und Angst zu haben, sie zu verlieren, ist wie eine Million Dollar Schulden zu haben. Tausend Dollar zu verdienen und zu wissen, dass es Ihnen am Ende gut gehen wird, ist wie ein Geschenk von tausend Dollar zu erhalten.

Was aber, wenn Sie keine tausend Dollar haben? Etwa ein Drittel der Weltbevölkerung lebt von weniger als tausend Dollar im Jahr. Diese Menschen mögen heute genug zum Leben haben, aber sie sind jederzeit von Hunger oder Schlimmerem bedroht, ob sie nun gläubig sind oder nicht. Es ist schwierig, die harte Realität von Armut und Hunger mit Gottes Verheißung der Versorgung in Einklang zu bringen. Jesus ignoriert diese Situation nicht und sagt: "Verkauft euer Hab und Gut und gebt den Armen" (**Lk 12,33**, NIV), denn er weiß, dass manche Menschen in verzweifelter Armut leben. Deshalb müssen wir für sie sorgen. Wenn alle Nachfolger Jesu ihre Arbeit und ihren Reichtum zur Linderung und Verhinderung von Armut einsetzen würden, wären wir vielleicht Gottes Mittel zur Versorgung derer, die verzweifelt sind. Da die Christen dies jedoch nicht getan haben, werden wir nicht so tun, als ob wir für die Menschen sprechen, die so arm sind, dass ihre Versorgung in Frage steht. Stattdessen sollten wir uns fragen, ob unsere eigene Versorgung derzeit in Frage steht. Entspricht unsere Sorge der realen Gefahr, dass uns das fehlt, was wir wirklich brauchen? Sind die Dinge, über die wir uns Sorgen machen, echte Bedürfnisse? Ist das, was wir befürchten, dass es uns fehlen könnte, auch nur im Entferntesten mit dem vergleichbar, was die Menschen in verzweifelter Armut brauchen, denen wir in keiner Weise helfen? Wenn nicht, dann ist der einzige vernünftige Ratschlag Jesu, sich nicht um das Lebensnotwendige zu sorgen.

# Das Werk des barmherzigen Samariters - Liebe deinen Nächsten wie dich selbst (Lukas 10:25-37)

Das Thema der Versorgung Gottes durch menschliche Arbeit setzt sich im Gleichnis vom barmherzigen Samariter fort. In diesem Gleichnis kommt Gottes Versorgung für das Opfer eines Verbrechens durch das Mitleid eines fremden Reisenden zustande, der offensichtlich genug Reichtum hat, um für die medizinische Versorgung eines Fremden zu bezahlen. Dieses Gleichnis ist vielleicht das bekannteste von allen Gleichnissen Jesu, obwohl es nur im Lukasevangelium zu finden ist, und zwar unmittelbar nach dem Bericht über das Große Gebot. Im Matthäus- und Markusevangelium sagt Jesus, dass das größte Gebot in der ganzen Heiligen Schrift darin besteht, "Gott zu lieben" und "deinen Nächsten zu lieben". In **Lukas 10,25-37** geht die Diskussion über das große Gebot direkt in das Gleichnis vom barmherzigen Samariter über. Weitere Informationen zu den Auswirkungen des Großen Gebots auf die Arbeitswelt finden Sie unter "**Das Große Gebot ist weitreichend (Matthäus 22,34-40)**" und "**Unsere Arbeit erfüllt das Große Gebot (Markus 12,28-34)**".

In der Erzählung des Lukas fragt der Schriftgelehrte Jesus zunächst, was er tun muss, um das ewige Leben zu erben. Jesus bittet ihn, zusammenzufassen, was im Gesetz steht, und der Schriftgelehrte antwortet mit dem großen Gebot: "Du sollst den Herrn, deinen Gott, lieben... und deinen Nächsten wie dich selbst". Jesus antwortet ihm, dass dies tatsächlich der Schlüssel zum Leben ist.

Der Schriftgelehrte stellt Jesus eine weitere Frage: "Und wer ist mein Nächster?" Jesus antwortet ihm mit einer Geschichte, die als "Gleichnis vom barmherzigen Samariter" bezeichnet wird. Diese Geschichte ist so fesselnd, dass sie auch über christliche Kreise hinaus bekannt geworden ist. Menschen, die noch nie eine Bibel in den Händen gehalten haben, erkennen die Bedeutung des Begriffs "barmherziger Samariter" als jemand, der sich um einen Fremden in Not kümmert.

Da der "barmherzige Samariter" kulturell als jemand mit einer außergewöhnlichen Begabung für Mitgefühl angesehen wird, könnten wir versucht sein, den wahren Samariter in der Geschichte Jesu zu übersehen. Außerdem ist es für die Perspektive unserer eigenen Arbeit wichtig zu untersuchen, warum der Samariter, den Jesus beschreibt, ein Geschäftsmann war.

Der Samariter in der Geschichte Jesu trifft den Juden, der von Räubern verwundet wurde, auf einer bekannten Handelsroute. Es ist wahrscheinlich, dass der Samariter häufig auf dieser Handelsroute unterwegs war, was dadurch belegt wird, dass er in einer nahe gelegenen Herberge bekannt war und der Wirt ihn für vertrauenswürdig genug hielt, um ihm eine Verlängerung seiner Dienste auf Kredit zu gewähren. Wie auch immer sein Geschäft aussah, der Samariter war erfolgreich genug, um Öl und Wein für medizinische Zwecke zu kaufen und einem völlig Fremden die Unterkunft in der Herberge zu bezahlen. Er ist bereit, sein Geld und seine Zeit für jemanden aufzuwenden, den er nicht kennt, und darüber hinaus lässt er seine anderen Geschäfte ruhen, um sich um die Bedürfnisse eines verwundeten Fremden zu kümmern.

Das Gleichnis vom barmherzigen Samariter kann also als eine Geschichte interpretiert werden, die uns ermutigt, unseren materiellen Erfolg zum Nutzen anderer einzusetzen. Der Held des Gleichnisses gibt sein Geld für einen Fremden aus, ohne dazu direkt verpflichtet zu sein, da sie nicht verwandt sind und nicht den gleichen Glauben teilen. Die Samariter und die Juden waren einander sogar feindlich gesinnt. Und doch bedeutet für Jesus die Liebe zu Gott, dass wir jeden, der unsere

Hilfe braucht, zu unserem "Nächsten" machen. Jesus unterstreicht diesen Punkt, indem er die ursprüngliche Frage des Schriftgelehrten in ihr Gegenteil verkehrt. Die Worte des Schriftgelehrten lauten: "Wer ist mein Nächster", eine Frage, die sich zunächst auf ihn selbst bezieht und dann die Frage hinzufügt, wem er zu helfen verpflichtet ist. Jesus kehrt die Frage um, indem er sagt: "Wer von diesen dreien, meinst du, hat sich dem, der den Räubern in die Hände gefallen ist, als Nächster erwiesen?", womit er sich auf den Bedürftigen konzentriert und die Frage stellt, wer verpflichtet ist, ihm zu helfen. Gibt uns die Tatsache, dass wir mit dem Bedürftigen und nicht mit uns selbst beginnen, eine andere Perspektive auf Gottes Aufruf zur Hilfe?

Das bedeutet nicht, dass wir absolut und unendlich verfügbar sein sollen. Niemand ist dazu berufen, alle Bedürfnisse der Welt zu befriedigen, was unsere Möglichkeiten übersteigt. Der Samariter gibt seine Arbeit nicht auf, um alle verwundeten Reisenden im Römischen Reich zu holen. Als er jedoch - im wahrsten Sinne des Wortes - die Straße mit jemandem kreuzt, der Hilfe braucht, die er geben kann, beschließt er zu handeln. "Der Nachbar", sagt der Prediger Haddon Robinson, "ist jemand, der Bedürfnisse hat, die man befriedigen kann".

Der Samariter hilft dem verletzten Mann nicht nur, indem er ihm ein paar Münzen gibt. Vielmehr sorgt er dafür, dass alle Bedürfnisse des Mannes erfüllt werden, sowohl die unmittelbaren medizinischen Bedürfnisse als auch das Bedürfnis nach einem Ort, an dem er sich erholen kann. Der Samariter kümmert sich also um den Mann so, wie er sich selbst um ihn kümmern würde. Damit erfüllt er **Levitikus 19,18**: "Du sollst deinen Nächsten lieben wie dich selbst". Der Samariter geht ein außerordentliches Risiko ein, um diesem Fremden zu helfen, denn er riskiert, von denselben Räubern überfallen zu werden, wenn er anhält, um zu sehen, was mit dem Mann geschehen ist, er riskiert, vom Gastwirt betrogen zu werden, er riskiert, die Kosten und die emotionale Last zu tragen, die die Pflege eines chronisch kranken Mannes mit sich bringt.

Doch er geht diese Risiken ein, weil er so handelt, als ob sein eigenes Leben in Gefahr wäre. Dies ist Jesu bestes Beispiel dafür, was es bedeuten kann, der Nächste zu sein, der "seinen Nächsten liebt wie sich selbst".

Ein weiteres Merkmal der Geschichte, das die Zuhörerschaft Jesu überrascht haben mag, ist die ethnische Zugehörigkeit des Helden, eines Samariters. Das Volk Jesu, die Juden, betrachteten die Samariter als ethnisch und religiös minderwertig. Dennoch handelt der Samariter mehr nach dem Gesetz des Mose als die jüdischen Religionsführer, die an dem Mann auf der Straße vorbeikamen. Ihre Anwesenheit im jüdischen Gebiet ist keine Gefahr, die man fürchten muss, sondern eine willkommene rettende Gnade.

Bei der Arbeit haben wir viele Gelegenheiten, unseren Kollegen, Kunden und anderen Menschen jeglicher ethnischer oder kultureller Zugehörigkeit ein guter Nachbar zu sein. Ein barmherziger Samariter am Arbeitsplatz zu sein bedeutet, ein besonderes Bewusstsein für die Bedürfnisse anderer zu entwickeln. Gibt es an Ihrem Arbeitsplatz Menschen, die in irgendeiner Weise beraubt werden? Bestimmten ethnischen Gruppen wird oft die Anerkennung oder der Aufstieg vorenthalten. Ein gewissenhafter Christ sollte derjenige sein, der sich fragt: "Geben wir dieser Person eine faire Chance?"

Genauso wie zwischen den Juden und den Samaritern eine Feindschaft entstanden war, betrachten sich Geschäftsleitung und Mitarbeiter gegenseitig als zwei verschiedene Stämme, obwohl das nicht unbedingt der Fall sein muss. Ein Unternehmen sah das ganz und gar nicht so. Arthur Demoulas, Vorstandsvorsitzender der Supermarktkette *Market Basket*, beschloss, seine Mitarbeiter außergewöhnlich gut zu behandeln, indem er ihnen deutlich mehr als den Mindestlohn zahlte und sich weigerte, den Gewinnbeteiligungsplan zu streichen, selbst als das Unternehmen während eines wirtschaftlichen Abschwungs Geld verlor. Er pflegte einen direkten Kontakt zu seinen Mitarbeitern, indem er sich die Namen aller Mitarbeiter einprägte, was in einem Unternehmen mit 25.000 Beschäftigten keine leichte Aufgabe war. Als der Vorstand *von Market Basket* Arthur Demoulas 2014 vor allem wegen seiner großzügigen Praktiken entließ, traten die Mitarbeiter der Supermarktkette in den Streik. Sie weigerten sich, die Regale zu bestücken, bis Arthur Demoulas wieder die Kontrolle über das Unternehmen erlangte. Dies war vielleicht der erste bekannte Fall, in dem sich die Beschäftigten eines großen Unternehmens an der Basis organisierten, um ihren eigenen Vorstandsvorsitzenden zu wählen, was durch die selbstlose Großzügigkeit von Arthur Demoulas begünstigt wurde.

In diesem Fall hat das Verhalten eines barmherzigen Samariters den Erfolg von Arthur Demoulas begünstigt. Wenn Jesus sagt: "Geht hin und tut dasselbe", gibt er vielleicht nicht nur einen guten geistlichen Rat, sondern auch einen guten geschäftlichen Rat.

# Der untreue Verwalter und der verlorene Sohn (Lukas 16:1-13; 15:11-32)

## Das Gleichnis vom untreuen Verwalter (Lukas 16:1-13)

Der Schlüssel, um sicher zu sein, was wir brauchen, ist nicht, eifrig zu verdienen und zu sparen, sondern zu dienen und zuverlässig auszugeben. Wenn Gott darauf vertrauen kann, dass wir unser Geld ausgeben, um die Bedürfnisse anderer zu befriedigen, wird auch das Geld, das wir selbst brauchen, zur Verfügung stehen. Das ist der Sinn des Gleichnisses vom untreuen Verwalter, in dem ein Verwalter die Güter seines Herrn vergeudet und daraufhin seine Entlassung angekündigt wird. Er nutzt seine letzten Arbeitstage, um seinen Herrn weiter zu betrügen, aber die Art und Weise, wie er das tut, hat eine seltsame Wendung. Er versucht nicht, seinen Herrn zu bestehlen, da er vielleicht weiß, dass er nichts mitnehmen kann, wenn er das Anwesen verlässt. Stattdessen reduziert er auf betrügerische Weise die Schulden von Leuten, die seinem Herrn etwas schulden, in der Hoffnung, dass sie sich revanchieren und ihn versorgen, wenn er arbeitslos ist.

Wie der unehrliche Butler können wir nichts mitnehmen, wenn wir diese Erde verlassen. Selbst zu Lebzeiten können unsere Ersparnisse durch Hyperinflation, Börsencrash, Diebstahl, Beschlagnahmung, Gerichtsverfahren, Krieg und Naturkatastrophen in Mitleidenschaft gezogen werden. Daher bietet das Anhäufen großer Geldbeträge keine wirkliche Sicherheit. Stattdessen müssen wir unseren Reichtum ausgeben, um andere Menschen zu versorgen, und uns darauf verlassen, dass sie dasselbe für uns tun, wenn es nötig ist. "Macht euch Freunde mit dem ungerechten Mammon, damit sie euch, wenn er versagt, in die ewigen Wohnungen aufnehmen" (**Lk 16,9**). Indem er für die Schuldner seines Herrn sorgt, schafft der unehrliche Verwalter Freundschaften. Gegenseitiger Betrug ist wahrscheinlich nicht die beste Art, Beziehungen zu pflegen, aber es scheint besser zu sein, als gar keine Beziehungen aufzubauen. Um Sicherheit zu erlangen, ist es viel effektiver, Beziehungen zu pflegen als Kapital zu vermehren. Das Wort "ewig" impliziert, dass gute Beziehungen uns durch schwierige Zeiten in diesem Leben helfen und auch im Jenseits Bestand haben werden.

Ein extremes Beispiel für diesen Grundsatz sehen wir, wenn Krieg, Terror oder Katastrophen das wirtschaftliche Gefüge der Gesellschaft zerstören. In einem Flüchtlingslager, einem Gefängnis oder einer von Hyperinflation geplagten Wirtschaft ist es wahrscheinlich, dass Sie sich mit Ihrem einstigen Reichtum nicht einmal ein Stück Brot kaufen können. Aber wenn Sie für andere gesorgt haben, werden sie vielleicht auch für Sie sorgen, wenn Sie in größter Not sind. Beachten Sie, dass der unehrliche Verwalter nicht den Reichen hilft, sondern den Schuldnern, so dass er nicht von ihrem Reichtum abhängig ist, sondern von dem Verhältnis gegenseitiger Abhängigkeit, das er zu ihnen aufgebaut hat.

Aber Jesus sagt nicht, dass wir uns auf die wankelmütigen Gefühle der Menschen verlassen sollen, denen wir im Laufe der Jahre geholfen haben. Die Geschichte wechselt schnell von den Schuldnern zum Herrn (**Lk 16,8**), und Jesus unterstützt den Ausspruch des Herrn: "Wer in sehr wenig treu ist, der ist auch in viel treu" (**Lk 16,10**). Dies weist auf Gott als Garanten dafür hin, dass der Einsatz von Geld zur Pflege von Beziehungen zu dauerhafter Sicherheit führt. Wenn man gute Beziehungen zu anderen Menschen aufbaut, kommt man auch in eine gute Beziehung zu Gott. Jesus sagt nicht, woran Gott mehr interessiert ist: an der Großzügigkeit gegenüber den Armen oder an guten Beziehungen zu den Menschen. Vielleicht ist es beides: "Wenn ihr nun dem ungerechten Mammon nicht treu gewesen seid, wer wird euch dann den wahren Reichtum anvertrauen" (**Lk 16,11**). Die wahren Reichtümer sind gute Beziehungen, die auf unserer gegenseitigen Annahme als Kinder Gottes beruhen. Eine gute Beziehung zu Gott zeigt sich in der Großzügigkeit gegenüber den Armen. Gute Beziehungen bringen gute Früchte hervor, die uns eine größere Fähigkeit verleihen, gute Beziehungen aufzubauen und anderen gegenüber großzügig zu sein. Wenn Gott Ihnen zutraut, mit wenig Geld großzügig zu sein und es zum Aufbau guter Beziehungen zu verwenden, wird er Ihnen auch größere Mittel anvertrauen können.

Das bedeutet, dass man nicht versuchen sollte, mehr zu sparen, wenn man nicht genug Ersparnisse hat, um sich sicher zu fühlen. Geben Sie stattdessen das Wenige, das Sie haben, dafür aus, großzügig und gastfreundlich zu sein, und die Reaktionen anderer Menschen auf Ihre Großzügigkeit und Gastfreundschaft können Ihnen mehr Sicherheit geben als mehr Geld zu sparen. Natürlich sollten Sie dies mit Bedacht tun, und zwar auf eine Weise, die wirklich anderen zugute kommt, und nicht nur, um Ihr Gewissen zu beruhigen oder Menschen zu begünstigen, die Sie als zukünftige Wohltäter ansehen. In jedem Fall liegt Ihre endgültige Sicherheit in der Großzügigkeit und Gastfreundschaft Gottes.

# Anklänge an den verlorenen Sohn (Lukas 15:11-32)

Dies mag ein überraschender finanzieller Rat sein: Sparen Sie nicht, geben Sie lieber aus, was Sie haben, um anderen Menschen näher zu kommen. Beachten Sie jedoch, dass er unmittelbar nach der Geschichte vom verlorenen Sohn kommt (**Lk 15,11-32**). In dieser Geschichte verprasst der jüngere Sohn sein ganzes Vermögen, während der ältere Sohn so sparsam spart, dass er nicht einmal seine engsten Freunde bewirten kann (**Lk 15,29**). Die Verschwendungssucht des jüngeren Sohnes bringt ihn in den Ruin, aber es ist diese Verschwendungssucht, die ihn dazu bringt, sich in völliger Abhängigkeit an seinen Vater zu wenden. Die Freude des Vaters, ihn wieder zu haben, lässt alle negativen Gefühle gegenüber dem Sohn, der ihn die Hälfte seines Vermögens gekostet hat, verschwinden. Das Festhalten an dem, was von dem Vermögen der Familie übrig geblieben ist, entfernt den ältesten Sohn dagegen von einer engen Beziehung zu seinem Vater.

In den beiden Geschichten, der Geschichte vom unehrlichen Verwalter und der Geschichte vom verlorenen Sohn, sagt Jesus nicht, dass Reichtum von Natur aus böse ist. Stattdessen sagt er, dass der richtige Weg, Reichtum zu nutzen, darin besteht, ihn auszugeben, vorzugsweise für Gottes Zwecke - und wenn nicht dafür, dann für Dinge, die unsere Abhängigkeit von Gott erhöhen.

# Reichtum bei Lukas

Die letzten beiden Abschnitte gehen vom Thema der Versorgung zum Thema des Reichtums über. Jesus hat zwar nichts gegen Reichtum, betrachtet ihn aber mit Misstrauen. Marktwirtschaften beruhen auf der Erzeugung, dem Austausch und der Anhäufung von Reichtum in Form von Privateigentum. Diese Realität ist in vielen Gesellschaften so tief verwurzelt, dass das Streben und die Anhäufung von persönlichem Reichtum für viele zum Selbstzweck geworden ist. Doch wie wir gesehen haben, betrachtet Jesus die Anhäufung von Reichtum nicht als angemessenen Zweck. So wie unsere Arbeit (die durch das Leben Jesu veranschaulicht wird) eine tiefe Sorge um andere und eine Abneigung dagegen zeigen muss, Macht oder Autorität nur zum persönlichen Vorteil zu nutzen, muss auch der Reichtum mit einer tiefen Sorge um andere eingesetzt werden. Obwohl das zweite Buch des Lukas, die Apostelgeschichte (siehe "Die **Apostelgeschichte und das Werk**"), mehr Material zum Thema Reichtum enthält, stellt auch sein Evangelium die vorherrschenden Annahmen über Reichtum in Frage.

# Sorge um die Reichen (Lukas 6:25; 12:13-21; 18:18-30)

Das erste Problem, das Jesus mit dem Reichtum hat, ist, dass er dazu neigt, Gott im Leben wohlhabender Menschen zu verdrängen. "Denn wo dein Schatz ist, da ist auch dein Herz" (**Lk 12,34**). Jesus möchte, dass die Menschen erkennen, dass ihr Leben nicht von dem bestimmt wird, was sie haben, sondern von Gottes Liebe zu ihnen und seinem Ruf an ihr Leben. Lukas erwartet, dass wir - und unsere Arbeit - durch unsere Begegnungen mit Jesus grundlegend verändert werden.

Es scheint jedoch so zu sein, dass Reichtum uns hartnäckig resistent gegen jede Veränderung des Lebens macht, uns die Mittel an die Hand gibt, den Status quo aufrechtzuerhalten und unabhängig zu werden und die Dinge auf unsere Weise zu machen. Das wahre oder ewige Leben ist ein Leben in Beziehung zu Gott (und anderen Menschen), und Reichtum, der Gott verdrängt, führt letztlich zum ewigen Tod. Wie Jesus sagte: "Was nützt es einem Menschen, wenn er die ganze Welt gewonnen hat, wenn er selbst zerstört wird oder verloren geht" (**Lk 9,25**). Reichtum kann die Reichen von einem Leben mit Gott abhalten, ein Schicksal, das die Armen nicht haben. Jesus sagt: "Selig seid ihr Armen, denn euer ist das Reich Gottes" (**Lk 6,20**). Dies ist keine Verheißung einer zukünftigen Belohnung, sondern eine Aussage über eine gegenwärtige Realität. Die Armen haben keinen Reichtum, der sie daran hindern könnte, Gott zu lieben. Aber: "Wehe euch, die ihr jetzt satt seid, denn ihr werdet hungern" (**Lk 6,25**). Der Ausdruck "ihr werdet hungern" scheint eine Untertreibung zu sein, wenn man damit sagen will, dass man das ewige Leben verpasst, wenn man Gott aus dem Blickfeld seines Interesses ausklammert, aber das ist ganz klar die Folgerung. Vielleicht gibt es sogar für die Reichsten noch Hoffnung.

# Das Gleichnis vom reichen Narren (Lukas 12:13-21)

Das Gleichnis vom reichen Narren (**Lk 12,13-21**) greift dieses Thema auf dramatische Weise auf. "Das Land eines reichen Mannes hatte zu viel produziert", zu viel, um in die Scheunen zu passen. Er macht sich Sorgen und fragt: "Was soll ich tun?" und beschließt, seine Scheunen abzureißen und größere zu bauen. Er gehört zu denen, die glauben, dass mehr Reichtum seine Geldsorgen verringern wird, aber bevor er erkennt, wie leer seine Sorgen sind, trifft ihn ein noch schlimmeres Schicksal: der Tod. Als er sich auf den Tod vorbereitet, ist die spöttische Frage Gottes ein zweischneidiges Schwert: "Und was du gegeben hast, wem wird es gehören?" (**Lk 12,20**, NRSV 1960). Die eine Seite ist die Antwort: "Es soll nicht dir gehören", denn der Reichtum, mit dem er gerechnet hat, um sich viele Jahre lang selbst zu versorgen, wird augenblicklich zu dem eines anderen. Die andere Kante schneidet noch tiefer und ist die Antwort: "Dein". Du - der reiche Narr - wirst das bekommen, was du für dich selbst vorgesehen hast, ein Leben nach dem Tod ohne Gott, einen echten Tod. Sein Reichtum hat ihn davor bewahrt, eine Beziehung zu Gott aufzubauen, was sich darin zeigt, dass er nicht einmal daran denkt, seine außerordentliche Ernte für die Bedürftigen zu verwenden. "So ist es mit dem, der sich selbst einen Schatz anhäuft und nicht reich ist gegenüber Gott" (**Lk 12,21**).

Hier zeigt sich die Freundschaft mit Gott in wirtschaftlicher Hinsicht. Die Freunde Gottes, die über Ressourcen verfügen, versorgen die Freunde Gottes, die arm sind. Das Problem des reichen Narren besteht darin, dass er Dinge *für sich selbst* anhäuft, *statt Arbeitsplätze und Wohlstand für andere zu schaffen.* Das bedeutet, dass er den Reichtum anstelle von Gott liebt und gegenüber den Armen nicht großzügig ist.

Man kann sich einen reichen Menschen vorstellen, der Gott wirklich liebt und mit seinem Reichtum sorgsam umgeht, der großzügig an die Bedürftigen gibt, oder besser noch, der Geld investiert, um echte Güter und Dienstleistungen zu produzieren, der eine wachsende Zahl von Arbeitskräften beschäftigt und die Menschen bei ihrer Arbeit fair und gerecht behandelt. In der Tat finden wir viele solcher Menschen in der Bibel (z. B. Josef von Arimathäa, **Lk 23,50**) und in der Welt um uns herum. Solche Menschen werden sowohl im irdischen Leben als auch danach gesegnet. Aber wir wollen dem Gleichnis nicht den Stachel nehmen: Wenn es möglich ist, (finanziell und anderweitig) mit Gnade zu wachsen, ist es auch möglich, nur mit Gier zu wachsen. Am Ende wird die Abrechnung mit Gott gemacht werden.

# Der reiche Herrscher (Lukas 18:18-30)

Die Begegnung Jesu mit dem reichen Herrscher (**Lk 18,18-30**) weist darauf hin, dass es möglich ist, die Kontrolle über den Reichtum zurückzugewinnen. Dieser Mann hat nicht zugelassen, dass sein Reichtum sein Verlangen nach Gott völlig verdrängt. Er beginnt damit, Jesus zu fragen: "Guter Lehrer, was soll ich tun, um das ewige Leben zu erben?" Daraufhin fasst Jesus die zehn Gebote zusammen, und der Anführer antwortet: "Alle diese Gebote habe ich von meiner Jugend an gehalten" (**Lk 18,21**). Obwohl Jesus die Antwort des Mannes akzeptiert, erkennt er den verderblichen Einfluss, den der Reichtum auf den Menschen hat. Deshalb schlägt er ihm einen Weg vor, wie er den verderblichen Einfluss des Reichtums beenden kann. "Verkaufe alles, was du hast, und verteile es an die Armen, und du wirst einen Schatz im Himmel haben; und komm, folge mir nach" (**Lk 18,22**). Jeder, dessen tiefste Sehnsucht Gott ist, würde sicherlich auf die Einladung zu einer persönlichen, täglichen Nähe zum Sohn Gottes anspringen. Doch für den reichen Herrscher ist es zu spät, denn seine Liebe zum Reichtum übersteigt bereits seine Liebe zu Gott. "Er wurde sehr traurig, denn er war sehr reich" (**Lk 18,23**). Jesus erkennt die Symptome und sagt: "Wie schwer ist es für die, die Reichtum haben, in das Reich Gottes zu kommen!

Denn es ist leichter, dass ein Kamel durch ein Nadelöhr geht, als dass ein Reicher in das Reich Gottes kommt" (**Lk 18,24-25**).

Im Gegensatz dazu ist es üblich, dass die Armen eine erstaunliche Großzügigkeit an den Tag legen. Die arme Witwe ist in der Lage, alles, was sie hat, aus Liebe zu Gott zu geben (**Lk 21,1-4**). Dies ist kein summarisches Verfahren Gottes gegen reiche Menschen, sondern eine Beobachtung über die starke Kontrolle der verführerischen Macht des

Reichtums. Auch die Menschen, die Jesus und dem Anführer nahe stehen, erkennen das Problem und verzweifeln, ob jemand den Verlockungen des Reichtums widerstehen kann, obwohl sie selbst alles aufgegeben haben, um Jesus zu folgen (**Lk 18,28**). Doch Jesus verzweifelt nicht, denn "bei den Menschen ist das Unmögliche möglich, bei Gott schon" (**Lk 18,27**). Gott selbst ist die Quelle, die unseren Wunsch stärkt, Gott mehr zu lieben als den Reichtum.

Die vielleicht trügerischste Folge von Reichtum ist, dass er uns davon abhalten kann, eine bessere Zukunft anzustreben. Wenn man Geld hat, sind die Dinge gut, wie sie sind, und Veränderungen werden eher zu einer Bedrohung als zu einer Chance. Im Fall des reichen Anführers ist es das, was ihn blind macht für die Möglichkeit, dass das Leben mit Jesus unvergleichlich wunderbar sein könnte. Jesus bietet dem reichen Herrscher ein neues Gefühl von Identität und Sicherheit. Wenn er sich nur hätte vorstellen können, dass dies mehr als eine Entschädigung für den Verlust seines Reichtums wäre, hätte er vielleicht die Einladung Jesu angenommen. Der Schlüsselsatz kommt, als die Jünger von allem sprechen, was sie zurückgelassen haben, und Jesus ihnen Reichtum in Hülle und Fülle im Reich Gottes verspricht. Sogar in dieser Zeit, sagt Jesus, werden sie "ein Vielfaches" erhalten, sowohl an Ressourcen und Beziehungen als auch in der kommenden Zeit das ewige Leben (**Lk 18,29-30**). Tragischerweise ist es das, was der reiche Führer verpasst. Er sieht nur, was er verlieren wird, aber nicht, was er gewinnen wird (die Geschichte des reichen Anführers wird in "**Markus 10,17-31**" in "**Markus und die Arbeit**" näher erläutert).

# Sorge um die Armen (Lukas 6:17-26; 16:19-31)

Das Wohlergehen der Reichen ist nicht die einzige Sorge Jesu um den Reichtum. Ihm geht es auch um das Wohlergehen der Armen. "Verkauft euren Besitz", sagt er, "und gebt [den Armen] ein Almosen; verschafft euch einen Geldbeutel, der nicht verfällt, einen Schatz in den Himmeln, der nicht versiegt, wo kein Dieb hinkommt und keine Motte ihn zerstört" (**Lk 12,33**). Wenn die Anhäufung von Reichtum schon den Reichen schadet, wie viel mehr wird sie dann den Armen schaden?

Gottes ständige Sorge um die Armen und Schwachen ist im *Magnifikat* (**Lk 1,46-56**), in *der Predigt über die Ebene* (**Lk 6,17-26**) und im gesamten Lukasevangelium zu finden, aber Jesus führt diesen Gedanken im Gleichnis von Lazarus und dem reichen Mann (**Lk 16,19-31**) ein. Dieser reiche Mann kleidet sich vornehm und lebt im Luxus, tut aber nichts, um die Not des kranken und hungernden Lazarus zu lindern. Lazarus stirbt, aber natürlich auch der reiche Mann, was uns daran erinnert, dass Reichtum eben doch keine große Macht hat. Die Engel nehmen Lazarus mit in den Himmel, anscheinend aus keinem anderen Grund als seiner Armut (**Lk 16,22**), es sei denn, es war vielleicht eine Liebe zu Gott, die nie durch Reichtum verdrängt wurde. Der reiche Mann geht in den Hades, offenbar aus keinem anderen Grund als seinem Reichtum (**Lk 16,23**), es sei denn, es handelte sich vielleicht um eine Liebe zum Reichtum, die keinen Platz für Gott oder andere Menschen ließ. Die starke Andeutung ist, dass es die Aufgabe des reichen Mannes war, sich um die Bedürfnisse von Lazarus zu kümmern, als er die Gelegenheit dazu hatte (**Lk 16,25**). Vielleicht hätte er auf diese Weise in sich selbst wieder Raum für eine rechte Beziehung zu Gott finden und sein elendes Ende vermeiden können. Wie viele reiche Menschen sorgte er sich auch um seine Familie und wollte sie vor dem kommenden Gericht warnen, aber leider fehlte ihm die Sorge um die größere Familie Gottes, wie sie im Gesetz und bei den Propheten offenbart ist, und das konnte auch die Wiederauferstehung eines Menschen von den Toten nicht ändern.

# Großzügigkeit: das Geheimnis, den Griff des Reichtums zu durchbrechen (Lk 10,38-42; 14,12-14; 24,13-35)

Dies zeigt, dass die Geheimwaffe Gottes die Großzügigkeit ist. Wenn Sie durch die Kraft Gottes großzügig sein können, verliert der Reichtum seine Macht über Sie. Wir haben bereits das tiefe Werk der Großzügigkeit im Herzen der armen Witwe gesehen. Für die Reichen ist es viel schwieriger, großzügig zu sein, aber Jesus lehrt, dass Großzügigkeit auch für sie möglich ist. Ein entscheidender Weg zur Großzügigkeit besteht darin, denen zu geben, die zu arm sind, um etwas zurückzugeben.

Und [Jesus] sprach auch zu dem, der ihn aufgefordert hatte: Wenn du ein Mahl gibst, so rufe nicht deine Freunde, noch deine Brüder, noch deine Verwandten, noch deine reichen Nachbarn, damit sie dich nicht auch auffordern und du deinen Lohn hast. Wenn du aber ein Festmahl gibst, so rufe die Armen, die Krüppel, die Lahmen und die Blinden, und du wirst gesegnet sein, denn sie haben dir nicht zu danken; denn du wirst belohnt werden bei der Auferstehung der Gerechten (**Lk 14,12-14**).

Großzügigkeit, mit der man sich Gefälligkeiten verdient, ist keine Großzügigkeit, sondern der Kauf von Gefälligkeiten. Echte Großzügigkeit bedeutet, zu geben, wenn es nicht möglich ist, zurückgezahlt zu werden, und das ist es, was in der Ewigkeit belohnt wird. Natürlich könnte man die Belohnung im Himmel eher als eine Art aufgeschobene Befriedigung denn als echte Großzügigkeit verstehen: Man gibt, weil man erwartet, dass man bei der Auferstehung und nicht im irdischen Leben belohnt wird. Das scheint eine klügere Art des Gefallenerwerbs zu sein, aber es ist immer noch Gefallenerwerb. Die Worte Jesu schließen nicht aus, dass Großzügigkeit als ewiger Gunstkauf verstanden wird, aber es gibt eine tiefere und befriedigendere Interpretation. Wahre Großzügigkeit - die nicht erwartet, in diesem Leben oder in der Ewigkeit bezahlt zu werden - zerstört die Kontrolle über den Reichtum, die Gott verdrängt. Wenn Sie Geld geben, verliert das Geld die Kontrolle über Sie, aber nur, wenn Sie das Geld dauerhaft aus Ihrer Reichweite verbannen. Das ist eine psychologische Realität, aber auch eine materielle und geistige. Großzügigkeit schafft Raum dafür, dass Gott wieder Ihr Gott sein kann, was zur wahren Belohnung der Auferstehung führt: dem ewigen Leben mit Gott.

# Maria und Martha (Lukas 10:38-42)

———

Auch die Geschichte von Martha und Maria (**Lk 10,38-42**) stellt Großzügigkeit in den Kontext der Liebe zu Gott. Martha arbeitet an der Vorbereitung des Abendessens, während Maria dasitzt und Jesus zuhört. Martha bittet Jesus, ihre Schwester zurechtzuweisen, weil sie ihm nicht hilft, aber stattdessen lobt Jesus Maria. Leider ist diese Geschichte auf fragwürdige Weise interpretiert worden, indem Martha zum Modell für alles gemacht wurde, was mit dem Leben der Geschäftigkeit und der Ablenkung nicht stimmt, oder was die mittelalterliche Kirche als aktives oder arbeitendes Leben bezeichnete, das zwar zulässig, aber dem vollkommenen Leben der Kontemplation oder des Mönchtums unterlegen war. Diese Geschichte muss vor dem Hintergrund des gesamten Lukasevangeliums gelesen werden, in dem die Arbeit der Gastfreundschaft (eine lebenswichtige Form der Großzügigkeit im alten Orient) eines der wichtigsten Zeichen für das Kommen des Reiches Gottes ist.

Maria und Martha waren keine Feindinnen, sie waren Schwestern. Zwei Schwestern, die sich über die Hausarbeit streiten, können nicht als Kampf zwischen unvereinbaren Lebensweisen interpretiert werden. Jesus spielt Marthas großzügigen Dienst nicht herunter. Der Punkt ist, dass ihre Sorgen zeigen, dass ihr Dienst auf der Liebe Marias zu ihm beruhen muss. Gemeinsam verkörpern die Schwestern die Wahrheit, dass Großzügigkeit und Gottes Liebe miteinander verflochtene Wirklichkeiten sind. Martha hat die Art von Großzügigkeit, die Jesus in **Lukas 14,12-14** lobt, weil er sie nicht mit Naturalien bezahlen kann. Indem sie zu Jesu Füßen sitzt, zeigt Maria, dass all unser Dienst auf einer persönlichen und lebendigen Beziehung zu ihm beruhen muss. Christus nachzufolgen bedeutet, Martha und Maria nachzuahmen: großzügig zu sein und Gott zu lieben. Diese Aspekte bejahen sich gegenseitig, ebenso wie die Beziehung zwischen den beiden Schwestern.

sein und Gott zu lieben. Diese Aspekte bejahen sich gegenseitig, ebenso wie die Beziehung zwischen den beiden Schwestern.

# Der Weg nach Emmaus (Lukas 24:13-35)

Die Episode auf dem Weg nach Emmaus ist ein passendes Beispiel für Großzügigkeit für alle Nachfolger Jesu. Auf den ersten Blick scheint es, als würde der Tod Jesu zu leicht genommen, oder täuschen wir uns, wenn wir in den beiden Jüngern, die Jesus die letzten Neuigkeiten berichten, etwas Komisches sehen? Sie fragen ihn: "Bist du der einzige Besucher in Jerusalem, der nicht weiß, was in diesen Tagen in Jerusalem geschehen ist? Wir können uns fast vorstellen, wie Kleopas sagt: "Wo bist du gewesen?" Jesus geht es langsam an und lässt sie reden, aber dann lässt er sie zuhören. Allmählich wird ihnen klar, dass die Geschichte der Frauen über die wundersame Auferstehung des Messias vielleicht doch nicht so abwegig ist, wie sie zunächst dachten.

Wäre dies die ganze Geschichte, könnten wir nur lernen, dass wir oft "töricht und trägen Herzens" (**Lk 24,25**) sind, alles zu glauben, was Gott geschrieben hat. Aber die Jünger machen in dieser Geschichte etwas richtig, etwas scheinbar Unbedeutendes, das leicht zu übersehen wäre. Sie bieten Jesus ihre Gastfreundschaft an: "Bleib bei uns, denn es wird schon dunkel, und der Tag ist schon lange vorbei" (**Lk 24,29**). Jesus segnet diesen kleinen Akt der Großzügigkeit mit der Offenbarung seiner Gegenwart, und sie erkennen ihn schließlich im Brechen des Brotes an (**Lk 24,32**). Gott benutzt unsere Gastfreundschaft nicht nur als Mittel, um denjenigen zu dienen, die der Erholung bedürfen, sondern auch als Einladung an uns, Gottes Gegenwart selbst zu erfahren.

# Investieren in das Werk Jesu (Lukas 8:3; 10:7)

Das Gleichnis vom untreuen Verwalter (**Lk 16,1-13**) lehrt, wie wichtig es ist, Geld klug einzusetzen. Lukas gibt Beispiele von Menschen, die ihr Geld in das Werk Jesu investierten, wie Maria Magdalena, Johanna und Susanna, die neben den zwölf Jüngern genannt werden, weil sie das Werk Jesu finanziell unterstützten. Es ist überraschend, dass Frauen in dieser Aufzählung eine so große Rolle spielen, da in der antiken Welt nur wenige Frauen über Reichtum verfügten. Dennoch gehörten sie zu denen, die "von ihrem persönlichen Besitz zu seiner Unterstützung beitrugen" (**Lk 8,3**). Später, als Jesus die Evangelisten aussendet, sagt er ihnen, dass sie sich auf die Großzügigkeit der Menschen verlassen sollen, unter denen sie dienen, "denn der Arbeiter ist seines Lohnes wert" (**Lk 10,7**).

Es mag überraschen, dass diese beiden Bemerkungen, die in gewisser Weise unerwartet erscheinen, alles sind, was Lukas über das Geben an das sagt, was wir heute als die Kirche erkennen würden. Im Vergleich zu dem unermüdlichen Interesse, das Jesus dem Geben an die Armen entgegenbringt, legt er nicht viel Wert auf das Geben an die Kirche. Zum Beispiel interpretiert er nirgends den alttestamentlichen Zehnten als zur Kirche gehörig. Das soll nicht heißen, dass Jesus die Großzügigkeit gegenüber den Armen als einen Aspekt gegen die Großzügigkeit gegenüber der Kirche stellt. Es ist vielmehr eine Frage der Betonung. Wir sollten beachten, dass das Geben von Geld nicht die einzige Möglichkeit ist, großzügig zu sein. Menschen beteiligen sich auch an Gottes Erlösungswerk, indem sie ihre Fähigkeiten, Leidenschaften, Beziehungen und Gebete kreativ einsetzen.

# Macht und Führung bei Lukas

Als König ist Jesus der Anführer des Reiches Gottes, der seine Macht auf vielfältige Weise ausübt, wie im Lukasevangelium berichtet wird. Es ist jedoch üblich, dass Christen sich gegen die Ausübung von Führung oder Macht sträuben, als ob beides von Natur aus böse wäre. Jesus lehrt das Gegenteil. Christen sind berufen, zu leiten und Macht auszuüben, aber im Gegensatz zu den Mächten der gefallenen Welt sollen sie sie für Gottes Zwecke und nicht zu ihrem eigenen Vorteil einsetzen.

# Beharrlichkeit: Das Gleichnis von der hartnäckigen Witwe (Lukas 18,1-8)

Im Gleichnis von der hartnäckigen Witwe (**Lk 18,1-8**) beharrt eine arme Person, die keine Macht hat (die Witwe), darauf, eine korrupte und mächtige Person (den Richter) um Gerechtigkeit zu bitten. Das Gleichnis *geht von* der Lehre Johannes des Täufers *aus*, dass man in einer Macht- und Führungsposition verpflichtet ist, sich für Gerechtigkeit einzusetzen, insbesondere für die Armen und Schwachen. Aber Jesus konzentriert das Gleichnis auf einen anderen Aspekt: dass wir "allezeit beten und nicht verzagen" sollen (**Lk 18,1**). Er identifiziert die Frau mit seinen Zuhörern - uns - und die Person, an die die Gebete gerichtet sind - Gott - mit dem korrupten Richter, eine merkwürdige Kombination. Da Jesus nicht meint, dass Gott korrupt ist, muss es darum gehen, dass, wenn sich Beharrlichkeit bei einem korrupten Menschen mit begrenzter Macht auszahlt, sie sich umso mehr bei einem gerechten Gott mit unendlicher Macht auszahlt.

Das Gleichnis soll Christen dazu ermutigen, trotz aller Widrigkeiten in ihrem Glauben zu verharren. Es hat jedoch auch zwei Anwendungen für diejenigen, die in Führungspositionen arbeiten. Erstens impliziert die Gegenüberstellung eines korrupten Richters mit einem gerechten Gott, dass Gottes Wille auch in einer korrupten Welt am Werk ist. Die Aufgabe des Richters ist es, Recht zu sprechen, und bei Gott, *er wird* Recht *sprechen*, wenn die Witwe nicht mehr darauf besteht. Überall in der Bibel wird gelehrt, dass die staatlichen Behörden mit Gottes Erlaubnis handeln, ob sie es nun anerkennen oder nicht (**Joh 19,11; Röm 13,1; 1Pet 2,13**). Es besteht also Hoffnung, dass es selbst inmitten der systembedingten Ungerechtigkeit Gerechtigkeit geben kann. Die Aufgabe eines christlichen Leiters ist es, sich jederzeit für diese Hoffnung einzusetzen. Wir können nicht alles, was in der Welt falsch ist, zu Lebzeiten in Ordnung bringen, aber wir dürfen nie die Hoffnung verlieren oder versäumen, uns inmitten der unvollkommenen Systeme, in denen die Arbeit stattfindet, für das Gemeinwohl einzusetzen. So haben beispielsweise Gesetzgeber nur selten die Möglichkeit, für ein gutes Gesetz und gegen ein schlechtes Gesetz zu stimmen. Im Allgemeinen können sie bestenfalls für Gesetzesentwürfe stimmen, die mehr Nutzen als Schaden anrichten, aber sie müssen ständig nach Möglichkeiten suchen, Vorschläge zur Abstimmung zu bringen, die noch weniger Schaden anrichten und noch mehr Nutzen bringen.

Der zweite Punkt ist, dass nur Gott Gerechtigkeit in einer gefallenen Welt schaffen kann, und deshalb müssen wir beten und dürfen in unserer Arbeit nicht aufgeben. Gott kann in einer korrupten Welt auf wundersame Weise Gerechtigkeit schaffen, so wie Gott in einer kranken Welt auf wundersame Weise heilen kann. Plötzlich öffnet sich die Berliner Mauer, das Apartheidregime bricht zusammen, Frieden entsteht. Im Gleichnis von der hartnäckigen Witwe greift Gott nicht ein; erst die Hartnäckigkeit der Witwe bringt den Richter dazu, gerecht zu handeln. Jesus weist jedoch darauf hin, dass Gott der unsichtbare Akteur ist: "Und wird Gott nicht Recht schaffen für seine Auserwählten, die Tag und Nacht zu ihm schreien?

# Das Risiko: Das Gleichnis von den zehn Landminen (Lukas 19,11-27)

Das Gleichnis von den zehn Minas ("fünf Pfund Silber" in der NTV-Fassung) spielt in der Welt der Hochfinanz. Ein reicher Adliger - der bald mächtig sein wird - begibt sich auf eine lange Reise, um sich zum König krönen zu lassen. Die meisten seiner Bürger hassen ihn und senden die Botschaft, dass sie gegen eine solche Krönung sind (**Lk 19,14**). In seiner Abwesenheit beauftragt der Mann drei seiner Diener, sein Geld anzulegen. Zwei von ihnen gehen das Risiko ein und machen einen stattlichen Gewinn, der dritte jedoch scheut das Risiko und legt das Geld an einem sicheren Ort an, ohne einen Gewinn zu erzielen. Als der Herr zurückkehrt, ist er König des ganzen Landes geworden und beschließt, die beiden Diener, die für ihn Geld verdient haben, zu belohnen, indem er sie in hohe Positionen befördert. Den dritten Diener bestraft er jedoch dafür, dass er das Geld, das keinen Gewinn abgeworfen hat, behalten hat. Dann befiehlt er, alle, die sich ihm widersetzt haben, in seiner Gegenwart zu töten.

Jesus erzählt dieses Gleichnis kurz vor seiner Reise nach Jerusalem, wo er zum König gekrönt wird ("Gepriesen sei der König, der im Namen des Herrn kommt", **Lk 19,38**), aber kurz darauf von seinem Volk abgelehnt wird. Damit wird Jesus mit dem Edelmann im Gleichnis identifiziert und die Menge, die "Kreuzige ihn!" (**Lk 23,21**) schreit, mit dem Volk, das sich der Krönung des Edelmanns widersetzt. Daraus geht hervor, dass das Volk seinen zukünftigen König sehr falsch eingeschätzt hat, mit Ausnahme der beiden Diener, die in seiner Abwesenheit fleißig arbeiten. In diesem Zusammenhang warnt uns das Gleichnis, dass wir uns entscheiden müssen, ob wir wirklich glauben, dass Jesus der von Gott eingesetzte König ist, und dass wir bereit sind, die Konsequenzen unserer Entscheidung, ihm zu dienen oder uns ihm zu widersetzen, zu tragen.

Dieses Gleichnis macht deutlich, dass die Bürger des Reiches Gottes die Verantwortung haben, für Gottes Ziele und Absichten zu arbeiten. In diesem Gleichnis sagt der König seinen Dienern direkt, was er von ihnen erwartet, nämlich, dass sie ihr Geld investieren. Dieser konkrete Aufruf oder Befehl macht deutlich, dass Predigen, Heilen und Evangelisieren (die Berufungen der Apostel) nicht die einzigen Tätigkeiten sind, zu denen Gott die Menschen beruft. Natürlich ist nicht jeder in Gottes Reich dazu berufen, ein Investor zu sein, und in diesem Gleichnis sind es nur drei Personen, die diese Arbeit tun sollen. Der Punkt ist, dass die Anerkennung Gottes als König verlangt, dass wir in unserem Arbeitsumfeld für seine Ziele arbeiten, was auch immer das sein mag.

Unter diesem Gesichtspunkt legt das Gleichnis nahe, dass wir, wenn wir uns dafür entscheiden, Jesus als König anzunehmen, damit rechnen sollten, dass unser Weg mit Risiken verbunden ist. Die Diener, die das Geld ihres Herrn investierten, sahen sich dem Risiko ausgesetzt, von denen angegriffen zu werden, die die Autorität ihres Herrn ablehnten. Sie waren auch dem Risiko ausgesetzt, ihren Herrn zu enttäuschen, indem sie Investitionen tätigten, die zu Verlusten führten. Selbst ihr Erfolg birgt ein Risiko, denn jetzt, wo sie Erfolg haben und befördert wurden, besteht die Gefahr, dass sie gierig werden oder dass ihnen die Macht zu Kopf steigt. Außerdem besteht die Gefahr, dass ihre nächsten Investitionen - die weitaus größere Summen umfassen werden - fehlschlagen und weitaus härtere Konsequenzen nach sich ziehen. In der angloamerikanischen Geschäftswelt (und im Sport) ist es üblich, dass CEOs (und Cheftrainer) entlassen werden, wenn sie nur mittelmäßige Ergebnisse erzielen, während Mitarbeiter in niedrigeren Positionen nur bei außergewöhnlich schlechten Leistungen entlassen werden. Weder Misserfolg noch Erfolg sind in diesem Gleichnis sicher, und das gilt auch für den heutigen Arbeitsplatz. Es ist verlockend, sich zu schützen, sich zu verstecken und nach einem sicheren Weg zu suchen, sich in das System einzufügen, während man darauf wartet, dass sich die Dinge verbessern. Aber das Verstecken ist eine Handlung, die Jesus in diesem Gleichnis verurteilt. Der Knecht, der versucht, das Risiko zu vermeiden, wird als untreu bezeichnet. Es wird nicht gesagt, was passiert wäre, wenn die beiden anderen Knechte das Geld für ihre Investitionen verloren hätten, aber die Folgerung ist, dass alle Investitionen, die im treuen Dienst für Gott getätigt werden, ihm gefallen, unabhängig davon, ob sie das gewünschte Ergebnis bringen oder nicht.

(Für eine Diskussion über das ähnliche Gleichnis von den Talenten, siehe **"Matthäus 25:14-30"** in **"Matthäus und die Arbeit"**).

# Demütiger Dienst (Lukas 9:46-50; 14:7-11; 22:24-30)

Jesus erklärt, dass Führungsqualitäten den demütigen Dienst am Nächsten voraussetzen, wie wir in den folgenden drei weiteren Abschnitten sehen. In der ersten (**Lk 9,46-50**) beginnen die Jünger Jesu darüber zu streiten, wer der Größte unter ihnen sein würde. Jesus antwortet, dass der Größte derjenige ist, der in seinem Namen ein Kind wird. "Wer der Geringste unter euch allen ist, der ist groß. Beachten Sie, dass das Vorbild nicht das Kind ist, sondern die Person, die wie ein Kind wird. Der Dienst an denjenigen, die von allen als unwürdig angesehen werden, macht einen Leiter groß.

Der zweite Abschnitt (**Lk 14,7-11**) ist die Antwort Jesu auf die soziale Ordnung bei einem Festmahl, die nicht nur Zeitverschwendung sei, sondern sogar kontraproduktiv, sagt Jesus. "Jeder, der sich selbst erhöht, wird erniedrigt werden, und jeder, der sich selbst erniedrigt, wird erhöht werden". Übertragen auf die Leiterschaft bedeutet das: Wenn Sie versuchen, für alles die Lorbeeren zu ernten, werden die Leute aufhören, Ihnen zu folgen, oder sie werden von ihrer Arbeit abgelenkt, indem sie versuchen, Sie schlecht aussehen zu lassen. Wenn Sie aber anderen Anerkennung zollen, werden die Menschen Ihnen folgen wollen, und das wird zu echter Anerkennung führen.

Der dritte Abschnitt (**Lk 22,24-30**) kehrt zu der Frage zurück, wer der größte unter den Jüngern ist. Diesmal nimmt Jesus sich selbst als Vorbild für Führung durch Dienen. "Unter euch bin ich wie einer, der dient". In allen drei Geschichten sind die Konzepte des Dienens und der Demut miteinander verbunden. Effektive Führung erfordert - oder ist - Dienerschaft. Dienen setzt voraus, dass man so tut, als sei man weniger wichtig, als man glaubt, zu sein.

# Finanzielle Fragen (Lukas 19:1-10; 20:20-26)

———

Die ganze Zeit über hat Lukas Jesus als die Person identifiziert, die die Herrschaft Gottes auf die Erde bringt. In Kapitel 19 erkennen die Menschen in Jerusalem ihn schließlich als König an. Als er auf einem Fohlen in die Stadt reitet, säumen die Menschen die Straße und jubeln: "Gepriesen sei der König, der im Namen des Herrn kommt, Friede im Himmel und Herrlichkeit in der Höhe" (**Lk 19,38**). Wie wir wissen, umfasst das Reich Gottes alles im Leben, und die Themen, die Jesus unmittelbar vor und nach seinem Einzug in Jerusalem anspricht, haben mit Steuern und Investitionen zu tun.

# Zachäus, der Zöllner (Lukas 19,1-10)

Auf seinem Weg nach Jerusalem trifft Jesus auf dem Weg durch Jericho einen Zöllner namens Zachäus, der auf einem Baum sitzt, um Jesus besser sehen zu können. Jesus sagt zu ihm: "Zachäus, beeil dich und komm herunter, denn heute muss ich in deinem Haus bleiben" (**Lk 19,5**). Die Begegnung mit Jesus verändert die Art und Weise, wie Zachäus arbeitet, grundlegend. Wie alle Zöllner in Roms Klientelstaaten verdiente Zachäus sein Geld, indem er von den Bürgern zu viel Steuern verlangte. Das war zwar das, was wir heute als "branchenübliche Praxis" bezeichnen würden, aber es beruhte auf Täuschung, Einschüchterung und Korruption. Sobald Zachäus in das Reich Gottes kommt, kann er nicht mehr auf diese Weise arbeiten. Und Zachäus stand auf und sagte zu dem Herrn: "Siehe, Herr, die Hälfte meines Vermögens will ich den Armen geben; und wenn ich jemandem etwas vorenthalten habe, so will ich es ihm vierfach vergelten" (**Lk 19,8**). Der Text sagt uns nicht genau, wie - oder ob - er weiterhin seinen Lebensunterhalt verdienen würde, denn das ist unerheblich. Als Bürger des Reiches Gottes kann er sich nicht auf Geschäftspraktiken einlassen, die den Wegen Gottes zuwiderlaufen.

# Gott geben, was Gott gehört (Lukas 20:20-26)

Nach dem Abschnitt über die Begrüßung Jesu als König in Jerusalem finden wir im Lukasevangelium eine Begebenheit, die oft missbraucht wurde, um die Arbeitswelt vom Reich Gottes zu trennen: Jesu Aussage über die Besteuerung. Die Schriftgelehrten und die Hohenpriester versuchen, "ihn mit einer Aussage zu überrumpeln, um ihn der Macht und Autorität des Statthalters zu überlassen" (**Lk 20,20**). Sie fragen ihn, ob es richtig sei, Steuern an den Kaiser zu zahlen. Daraufhin bittet Jesus sie, ihm eine Münze zu zeigen, und sie zeigen ihm sofort einen Denar. Er fragt sie, wessen Gesicht auf der Münze zu sehen sei, und sie antworten: "Das des Cäsar". Jesus sagt zu ihnen: "Gebt also dem Kaiser, was dem Kaiser gehört, und Gott, was Gott gehört" (**Lk 20,25**).

Diese Antwort wurde manchmal als Trennung zwischen dem Materiellen und dem Geistigen, dem Politischen und dem Religiösen, dem irdischen und dem himmlischen Bereich interpretiert. In der Kirche (Gottes Reich) sollten wir ehrlich und großzügig sein und uns um das Wohl unserer Brüder kümmern. Bei der Arbeit (in Cäsars Reich) sollten wir die Wahrheit verbergen, uns von der Sorge um das Geld leiten lassen und uns vor allem um uns selbst kümmern. Dies ist jedoch eine Fehlinterpretation der Ironie der Antwort Jesu. Wenn er sagt: "Gebt dem Kaiser, was dem Kaiser gehört", dann befürwortet er nicht die Trennung zwischen dem Materiellen und dem Geistigen. Die Annahme, dass die Welt des Kaisers und die Welt Gottes in keiner Weise übereinstimmen, ergibt keinen Sinn im Lichte dessen, was Jesus im gesamten Lukasevangelium gesagt hat. Was gehört Gott? Alles! Das Kommen Jesu als König in diese Welt ist die Erklärung Gottes, dass die ganze

Welt ihm gehört. Was dem Cäsar gehört, gehört auch Gott. Die Welt der Steuern, der Regierung, der Produktion, der Verteilung und aller Arten von Arbeit ist die Welt, in die das Reich Gottes eintritt. Christen sind dazu berufen, sich in diese Welt einzubringen, nicht aus ihr heraus. Dieser Abschnitt ist das Gegenteil einer Rechtfertigung dafür, die Welt der Arbeit von der christlichen Welt zu trennen. Lasst uns dem Kaiser geben, was dem Kaiser gehört (Steuern), und Gott, was Gott gehört (alles, einschließlich der Steuern). (Für eine weitere Erörterung dieser Begebenheit siehe den Abschnitt über **"Matthäus 17,24-27 und 22,15-22"** in **"Matthäus und die Arbeit"**).

# Die Passion (Lukas 22:47-24:53)

D er Höhepunkt des Werkes Jesu ist sein persönliches und freiwilliges Opfer am Kreuz, als er seinen letzten Atemzug im Vertrauen auf Gott aushaucht: "Vater, in Deine Hände befehle ich meinen Geist" (**Lk 23,46**). Durch sein Opfer und durch das mächtige Werk des Vaters der Auferstehung nimmt Jesus die Position des ewigen Königs ein, die bei seiner Geburt prophezeit wurde. "Gott, der Herr, wird ihm den Thron seines Vaters David geben, und er wird *für immer* über das Haus Jakob herrschen" (**Lk 1,32-33**). Dies ist in der Tat der geliebte Sohn Gottes, treu bis in den Tod, der sich für uns alle einsetzt, die wir in die Armut der Sünde und des Todes gefallen sind und die eine Erlösung brauchen, die wir aus eigener Kraft nicht erlangen können. In diesem Licht sehen wir, dass die Sorge Jesu für die Armen und Ohnmächtigen sowohl ein Selbstzweck als auch ein Zeichen seiner Liebe zu allen ist, die ihm folgen. *Wir alle* sind arm und ohnmächtig angesichts unserer Sünde und der Zerrissenheit der Welt. Durch seine Auferstehung werden wir in jedem Aspekt des Lebens verwandelt, da wir von Gottes übergroßer Liebe erfasst werden.

# Lukas' Schlussfolgerung

Das Lukasevangelium ist die Geschichte vom Kommen des Reiches Gottes auf die Erde in der Person Jesu Christi. Als wahrer König der Welt ist Christus sowohl der Herrscher, dem wir unsere Treue schulden, als auch das Vorbild für die Art und Weise, wie wir die Autorität, die wir im Leben haben, ausüben sollen.

Als Herrscher gibt er uns ein großes Gebot, das aus zwei Teilen besteht: "Du sollst den Herrn, deinen Gott, lieben von ganzem Herzen, von ganzer Seele, von ganzer Kraft und von ganzem Gemüt, und deinen Nächsten wie dich selbst... Wenn du das tust, wirst du leben" (**Lk 10,27-28**). In gewissem Sinne ist dieses Gebot nichts Neues, sondern lediglich eine Zusammenfassung des mosaischen Gesetzes. Neu ist, dass die Inkarnation Gottes in der Person Jesu das Reich Gottes, das auf diesem Gesetz beruht, eröffnet hat. Von Anfang an war es Gottes Absicht, dass die Menschheit in diesem Reich lebt, aber seit Adam und Eva gesündigt haben, leben die Menschen im Reich des Bösen und der Finsternis. Jesus ist gekommen, um das Reich Gottes auf der Erde wiederherzustellen und eine Gemeinschaft des Gottesvolkes zu schaffen, die nach seiner Herrschaft leben wird, auch wenn das Reich der Finsternis noch einen Großteil seiner Herrschaft behält. Die grundlegende Reaktion derer, die Bürger des Reiches Gottes werden, besteht darin, ihr *ganzes* Leben - einschließlich ihrer Arbeit - in Verfolgung der Ziele des Reiches Gottes und in Übereinstimmung mit seinen Wegen zu leben.

Als unser Vorbild, dem wir folgen sollen, lehrt uns Jesus diese Ziele und Wege. Er beruft uns zu Aufgaben wie Heilung, Verkündigung, Gerechtigkeit, Macht, Führung, Produktivität und Versorgung, Investitionen, Leitung, Großzügigkeit und Gastfreundschaft. Er sendet den Geist Gottes, um uns alles zu geben, was wir brauchen, um unsere spezifischen Berufungen zu erfüllen. Er verspricht, für uns zu sorgen. Er verlangt, dass wir für andere sorgen, und legt daher nahe, dass seine Versorgung für uns in der Regel durch Menschen erfolgt, die in unserem Auftrag arbeiten. Er warnt uns vor der Falle, sich mit Hilfe von Reichtum selbst zu versorgen, und lehrt uns, dass wir diese Falle am besten vermeiden, wenn wir unseren Reichtum dazu nutzen, die Beziehung zu Gott und zu anderen Menschen zu fördern. Wenn in unseren Beziehungen Konflikte entstehen, lehrt sie uns, wie wir sie lösen können, damit sie zu Gerechtigkeit und Versöhnung führen. Vor allem lehrt er, dass die Zugehörigkeit zu Gottes Reich bedeutet, als Diener Gottes und der Menschen zu arbeiten. Sein Opfer am Kreuz dient als höchstes Vorbild für dienende Führung, und seine Auferstehung auf dem Thron des Reiches Gottes bestätigt und etabliert für immer *die* aktive Nächstenliebe als *Weg* zum ewigen Leben.

# Don't miss out!

Visit the website below and you can sign up to receive emails whenever Biblische Predigten publishes a new book. There's no charge and no obligation.

https://books2read.com/r/B-A-SAWHB-OPGDD

**BOOKS2READ**

Connecting independent readers to independent writers.

Did you love *Analyse der Arbeiterbildung im Lukas Evangelium*? Then you should read *Analyse der Arbeiterbildung im Johannes Evangelium*[1] by Biblische Predigten!

[2]

**Im Johannesevangelium finden wir wichtige Lehren über die Arbeitserziehung:**

**1.** Ständige Weiterbildung und Wachstum: Jesus verbringt viel Zeit damit, seine Jünger zu lehren und sie auf die vor ihnen liegende Arbeit vorzubereiten. Das lehrt uns, wie wichtig es ist, dass wir uns in unserer Arbeit ständig weiterbilden und wachsen, dass wir versuchen, zu lernen und unsere Fähigkeiten zu entwickeln, um in unserer Arbeit effektiver und relevanter zu sein.

**2.** Glaube und Vertrauen in Gott: Jesus betont die Notwendigkeit, Gott zu vertrauen und in allem, was wir tun, seine Führung zu suchen.

---

1. https://books2read.com/u/4jMMX2

2. https://books2read.com/u/4jMMX2

Das lehrt uns, uns bei unserer Arbeit auf Gottes Führung und Kraft zu verlassen, weil wir wissen, dass er gegenwärtig ist und wir auf seine Versorgung vertrauen können.

**3.** Die Bedeutung von Dienst und Demut: Jesus zeigt uns, dass wahre Führung bei der Arbeit auf Dienst und Demut beruht. Er demütigt sich selbst, indem er seinen Jüngern die Füße wäscht, und ruft seine Nachfolger auf, dasselbe zu tun und anderen mit Liebe und Großzügigkeit zu dienen.

**4.** Beharrlichkeit inmitten von Widrigkeiten: Das Johannesevangelium zeigt uns, wie Jesus mit verschiedenen Widrigkeiten konfrontiert wird, aber nicht aufgibt oder seine Mission aufgibt. *Das lehrt uns, wie wichtig Ausdauer und Widerstandskraft in unserer Arbeit sind, selbst wenn wir Schwierigkeiten und Rückschlägen begegnen.*

# Also by Biblische Predigten

**Die Lehre von der Arbeit in der Bibel**
Analyse der Arbeiterbildung im Lukas Evangelium
Analyse der Arbeiterbildung im Johannes Evangelium
Analyse der Arbeiterbildung in der Apostelgeschichte
Analyse der Arbeiterbildung im Brief an die Römer
Analyse der Arbeiterbildung in den Briefen an die Korinther
Analyse der Arbeiterbildung in den Briefen an die Galater, Epheser und Philipper
Analyse der Arbeiterbildung in den Briefen an die Kolosser, Philemon und Thessaloniche
Analyse der Arbeiterbildung in den Pastoralbriefen Titus und Timotheus
Analyse der Arbeiterbildung in den Allgemeinen Briefen und der Apokalypse

# About the Author

**Diese Bibelstudienreihe** eignet sich für Christen aller Stufen, von Kindern über Jugendliche bis hin zu Erwachsenen. Sie *bietet einen ansprechenden und interaktiven Weg, die Bibel zu lernen,* mit Aktivitäten und Diskussionsthemen, die Ihnen helfen werden, tiefer in die Heilige Schrift einzudringen und Ihren Glauben zu stärken. Ob Sie Anfänger oder erfahrener Christ sind, diese Reihe wird Ihnen helfen, Ihr Wissen über die Bibel zu erweitern und Ihre Beziehung zu Gott zu stärken. Geleitet von Brüdern mit vorbildlichen Zeugnissen und umfassender Kenntnis der Heiligen Schrift, *die sich im Namen des Herrn Jesus Christus* auf der ganzen Welt *versammeln.*